7박 8일을
여행하는 최고의 방법

---

[ 어느 멋진 일주일 : 안달루시아 ]
# ANDALUCÍA

---

이은혜 지음

봄엔 SPRING & SEE

## PROLOGUE

혼자 하는 여행을 그리 즐기는 편은 아니었다. 어디에 있는지, 무얼 먹는지보다 누구와 함께 있느냐가 더 중요하다고 생각하며 살았다. 그 생각은 지금도 변함없지만 안달루시아는 혼자서 하는 여행이 꽤 많이 훌륭하다는 것을 알게 해주었다.

9월 중순, 가을이 시작되는 그 계절에 도착한 안달루시아는 아직 여름이었다. 여전히 해변가에는 일광욕을 즐기는 사람들이 가득하고 한낮의 열기는 숙소로 돌아갔다가 나와야 될 정도로 뜨거웠다. 숙소에 도착하여 짐을 내려놓고 나와 커피를 마시면서 일정을 살펴보다가 문득 오래전 유학 시절이 떠올랐다. 수많은 계획과 목표를 가지고 꿈을 꾸던 그 시절, 때로는 좌절하고 때로는 다시 도전하며 다양한 시도를 했었는데 막상 여행은 많이 못했다. 만약 그때 이곳에 왔다면 어떤 여행을 했을까 상상을 해보다가, 지금이 나을 수도 있겠다 싶다. 최소한 학비 걱정은 안 해도 되니까. 스페인어 문법이 틀린 건 아닐까 전전긍긍하면서 말하던 그때와는 다르게 생각나는 대로 말을 걸어보기도 하고, 시간에 얽매이지 않고 정처 없이 걸어다니다가 길을 잃어도 마냥 행복한 여행은 지금이라서 가능하겠다 싶다.

안달루시아의 도시들은 바라보는 것만으로도 충분히 황홀했다. 3천 년의 시간을 담은 쎄비야의 풍경부터, 바다와 사막이 만나는 알메리아, 비옥한 땅에서 맛있는 올리브가 자라는 하엔, 대서양의 청보도빛 바다가 투명하게 빛나는 까디스, 피카소의 흔적이 남아있는 말라가, 뜨겁고 열정적인 낮의 해가 저물면 붉은 보석이 스며드는 듯한 그라나다까지. 비슷한 듯 서로 다른 도시들이 매력적인 이곳. 안달루시아는 혼자 여행한 40일의 시간 동안 단 하루도 심심하거나 지루할 틈이 없었다. 같은 와인을 마셔도 그때 어느 도시에 있었는지에 따라 다른 맛이 느껴졌다고 할까.

만약 당신이 스페인 여행을 꿈꾸고 있다면 안달루시아를 추천하고 싶다. 떠나기 전 상상한 안달루시아는 투우, 싸고 양 많은 따빠스와 화려한 옷을 입고 춤을 추는 플라멩코가 전부였다. 하지만 직접 만난 그곳은 신비로울 정도의 정교하고 화려한 건축물과 곳곳에 있는 소박한 분수의 물소리가 어우러진 곳이며, 화려함 이면에 슬픈 역사가 담긴 플라멩코가 마음을 울리는 곳이었고, 목숨을 걸고 투우소와 싸우는 투우사의 자긍심이 빛나는 곳이며, 낯선 이방인에게 선뜻 말을 걸어주는 따뜻한 사람들로 북적거리는 따빠스 바가 있는 곳이었다.

언젠가 소중한 사람과 다시 안달루시아에 가고 싶다. 이유는 하나다. 더 많이 먹기 위해. 혼자 여행한 안달루시아의 유일한 단점은 맛있는 음식을 눈앞에 두고 이것저것 다양하게 주문하지 못한 것이다. 좋아하는 사람과 함께 가서 많은 음식을 먹어 보고 싶고, 바닷가에 같이 누워 시간을 보내고 싶다. 혼자 간다면 누군가와 함께 가고 싶고, 누군가와 간다면 혼자 다시 찾고 싶은 그곳. 이 책을 읽는 모든 분들이 안달루시아를 직접 만나 자신만의 안달루시아를 찾기를, 마음 깊이 바란다.

2015. 9
이은혜

# CONTENTS

프롤로그  2

**ABOUT ANDALUCÍA**
기본 정보  6
여행 관련 정보  7
여행 준비  8
알아두면 편리한 스페인어  12

**DAY 1**
## 쎄비야 1

쎄비야 기본 정보  20
**THEME 1** 나를 위한 춤, 플라멩코  26
**THEME 2** 오페라의 도시, 팜므파탈 까르멘  36
**THEME 3** 진실의 순간, 투우  48
**THEME 4** 시간의 흐름을 간직한 쎄비야 대성당  54
**THEME 5** 소녀의 정원, 알카사르 왕궁  64

**DAY 2**
## 쎄비야 2

**THEME 1** 맛있는 시간, 따뻬오  78
**THEME 2** 응답하라 1929, 마리아 루이사 공원  90
**THEME 3** 작은 보석 같은 마을, 뜨리아나 지구  96

**DAY 3**
## 알메리아와 하엔

**THEME 1** 숨겨진 보석, 알메리아  110
**THEME 2** 금빛 오일 마을, 하엔  116

## DAY 4
## 꼬르도바

꼬르도바 기본 정보  134
THEME 1 아름다운 밤의 도시  136
THEME 2 라파를 따라가자, 현지 대학생이 소개하는
　　　　꼬르도바 이야기  144
THEME 3 꽃, 식물, 빛 그리고 물의 조화,
　　　　나의 아름다운 빠띠오  152
THEME 4 맛있는 꼬르도바  158
THEME 5 유대인 지구, 후데리아  164

## DAY 5
## 까디스

까디스 기본 정보  174
THEME 1 청포도색 바다를 따라 걷는 날  178
THEME 2 와이너리 마을, 헤레스 데 라 프론떼라  190
THEME 3 산속 하얀 마을 이야기,
　　　　로스 뿌에블로스 블랑꼬스  196

## DAY 6
## 그라나다

그라나다 기본 정보  212
THEME 1 손으로 빚은 붉은 보석, 알람브라  214
THEME 2 노노를 따라가자, 현지 대학생이 소개하는
　　　　그라나다 이야기  222
THEME 3 슬프도록 자유로운 그들의 터전,
　　　　알바이신과 사크로몬테  230
THEME 4 그라나다 현지인들의 맛집 찾아가기  238

## DAY 7
## 말라가

말라가 기본 정보  250
THEME 1 상상력의 날개를 펴는 도시,
　　　　피카소 흔적을 따라  252
THEME 2 선선한 바람이 불어오는 길을 따라  258
THEME 3 남아있는 유적을 찾아서,
　　　　역사 속의 말라가  272
THEME 4 하루 만에 다녀갈 수 있는
　　　　말라가 근교 마을 돌아보기  276

# ABOUT ANDALUCÍA

## 기본 정보

'스페인' 하면 대부분은 바르셀로나와 마드리드를 떠올릴 것이다. 하지만 흥미롭게도 스페인 사람 하면 떠오르는 까무잡잡한 피부와 까만 머리는 남부지방 안달루시아의 특징이다. 한국에 남남북녀라는 말이 있다면 스페인에는 반대로 남녀북남이라는 말이 있다. 우리의 기억 속에 있는 아름다운 쎄뇨리따 Señorita(아가씨)가 바로 안달루시아의 여인들인 것이다. 생소한 듯한 지명 속에 우리가 늘 생각했던 스페인의 이미지가 가득한 그곳, 스페인의 남부지방 안달루시아로 떠나보자.

- **자치지방명** 안달루시아
  (스페인은 17개의 지방으로 나뉜다)

- **주도** 쎄비야

- **면적** 8만 7600㎢

- **지리적 위치** 스페인 영토의 가장 남쪽에 위치하며, 알메리아, 하엔, 쎄비야, 그라나다, 말라가, 꼬르도바, 까디스, 우엘바까지 총 여덟 개 주로 나뉜다. 북쪽에는 시에라모레나 산맥이 있고, 남쪽은 지중해와 대서양에, 서쪽은 포르투갈에 맞닿아있다. 아프리카 대륙과 가까워 모로코로 이동하기도 용이하다.

- **인구** 약 830만

- **종교** 현재는 가톨릭이 주를 이루지만, 과거 이슬람 시대를 지냈던 역사 때문에 아직까지 곳곳에 이슬람문화가 많이 남아있다.

- **언어** 까스떼야노 Castellano
  · 스페인에는 네 가지 언어가 있다. 까스떼야노, 까딸란, 바스크어 그리고 갈리시아어. 우리가 스페인어라고 부르는 것은 바로 이 까스떼야노로 스페인의 공식 언어다. 안달루시아에서는 까스떼야노를 아주 빠르게, 그리고 단어 마지막의 's'를 발음하지 않는 특징이 있다. 우리나라의 사투리 정도로 생각하면 된다.

- **통화** 유로 EURO

- **비자** 스페인은 유럽 26개국이 여행 및 통행의 편의를 위해 맺은 쉥겐협약 가입국이다. 쉥겐국가 최종 출국일 기준으로 이전 180일 이내 90일 동안 쉥겐협약 가입국 내에서 무비자 여행이 가능하다. 그 이상 체류할 경우 비자를 발급받아야 한다.

- **공휴일**
  · **1/1** 새해 Año Nuevo
  · **1/6** 동방박사의 날 el día de Reyes*
  · **2/28** 안달루시아의 날 Día de Andalucía
    (안달루시아 지역에서만 해당)
  · **4/3** 성금요일 Viernes Santo*
  · **5/1** 근로자의 날 Fiesta del Trabajo
  · **8/15** 성모승천일 Asunción de la virgen
  · **10/12** 신대륙 발견 기념일 Fiesta Nacional España

- **12/8** 성모수태일 La Inmaculada Concepción
- **12/25** 성탄절 Navidad

\* 해당 공휴일은 매해 날짜가 바뀐다.

## 여행 관련 정보

- **시차** 한국보다 8시간 느리다. 서머타임 동안에는 현지 시간이 1시간 빨라져 한국보다 7시간 느리다. (한국 GMT +9, 스페인 GMT +1)

- **전압 및 플러그** 220V, 50Hz(우리나라 전자 제품을 그대로 사용할 수 있다)

- **식수** 유럽의 다른 나라들처럼 수돗물에는 석회가 많아서 생수를 사먹는 것을 추천한다.

- **화장실** 백화점 화장실이 깨끗하고 레스토랑이나 바에 들어가지 않는 이상 공공화장실을 찾기가 쉽지 않다.

- **전화**
  - **한국에서 스페인으로 전화하는 경우**
    통신사별 국제전화번호+34(스페인국가번호)+지역번호+전화번호
  - **스페인에서 한국으로 전화하는 경우**
    0082+지역번호+전화번호
  - 지역번호나 핸드폰 처음 "0"은 누르지 않는다

- **와이파이** 대부분 비밀번호가 걸려있는 것이 많다. 한국 통신사에 데이터 로밍을 신청하거나 현지에서 심카드를 사는 것을 추천한다.
  - **현지 통신사** Orange, Vodafon, Telefonica

- **주스페인 한국대사관(마드리드)**
  **주소** Calle Gonzalez Amigó, 15, 28033 Madrid
  **전화** +34 913 53 20 20
  - 근무 시간 외 비상 연락 시 음성 안내로 당직자 휴대 번호 알림

- **긴급전화**
  **긴급서비스** 112
  **소방서** 080
  **응급** 061

## 여행 준비

안달루시아는 남부 유럽인 스페인에서도 가장 남쪽에 있는 지역으로, 아프리카 대륙과도 아주 가깝다. 이런 지리적 특색을 반영하듯 한여름의 열기는 엄청나다. 안달루시아 여행을 계획한다면 뜨거운 햇살이 무서울 정도인 7~8월은 되도록 피하라고 말하고 싶다. 9월에도 햇빛은 여전히 뜨겁게 빛나고 해변가는 사람들로 북적일 정도다. 하지만 어쩔 수 없이 한여름밖에 시간이 나질 않는다면, 여행 중 해가 가장 뜨거운 시간인 3~5시에는 숙소로 돌아가서 쉬는 것을 추천한다. 실제로 이 시간은 스페인 사람들의 오랜 낮잠 문화인 씨에스타 Siesta 기도 하다. 안달루시아 사람들도 3~5시에는 상점의 문을 닫는 경우가 많고(예전에는 무조건 닫았지만 최근에는 관광객을 위해 점점 열어두는 추세이긴 하지만), 뜨거운 태양 아래 무리하게 일정에 맞춰 돌아다니다 보면 다음 여행에도 지장을 줄 수 있다.

4~5월은 대대적인 축제 기간으로 볼거리가 가장 많은 시기이며 날씨도 아주 쾌청하다. 하지만 성수기인 만큼 물가도 비싸고 관광지나 레스토랑, 숙소를 예약하는 것도 어렵다. 이 시기 여행을 계획한다면 숙박과 교통, 입장권 등을 신경 써서 예약해두자.

## 여행스타일 정하기

### 1. 현지인처럼 느긋한 생활 여행
안달루시아는 스페인 다른 지역에 비해 물가가 저렴한 편이라 현지인처럼 생활하는 여행에 딱 적절한 곳이다. 느긋하게 일어나서 숙소 앞 까페떼리아에 나가 커피를 마시기도 하고, 점심을 먹고 난 뒤에는 숙소로 들어가서 씨에스타를 즐기기도 해보자. 시장에 가서 맛있고 싼 과일도 사고 한 번쯤은 싱싱한 해산물이나 질 좋은 고기를 사와 숙소에서 와인과 함께 즐겨보는 것도 좋다.

### 2. 맛있는 음식을 찾아가는 여행
스페인은 맛있는 음식이 많기로 유명한데, 특히 한국인의 입맛에 잘 맞는 음식이 많다고 알려져있다. 다소 간이 강해서 짠 경우가 많은데 주문할 때 미리 소금을 조금만 넣어달라고 이야기하자. 저렴한 바에서 즐기는 맥주와 따빠스부터 호텔이나 미슐랭 레스토랑까지 다양한 스타일의 먹거리 여행이 가능하다.

### 3. 여유로운 해변가 휴식 여행
안달루시아의 경우 스페인의 남쪽이면서 아프리카와 마주보고 있기 때문에 여름이 꽤 긴 편에 속한다. 7~8월은 햇빛이 너무 강렬해서 적당하지 않지만, 5~6월이나 9~10월까지도 해변가에서 일광욕을 즐길 수 있으니 여행 중 한 번쯤은 꼭 해변에 누워 한량 같은 여유로움을 즐겨보자. 맑은 지중해와 높고 푸른 하늘을 보며 지척에 두고 온갖 상념을 벗어던지길.

## 정보수집

**안달루시아 공식 관광청** www.andalucia.org
**쎄비야 관광청** www.visitasevilla.es
**그라나다 관광청** www.granadatur.com
**꼬르도바 관광청** www.cordobaturismo.es
**말라가 관광청** www.malagaturismo.com
**스페인 현지 한국여행사** www.themespain.com
(주스페인 한국대사관 지정 여행사)

## 교통편

### 1. 기차 www.renfe.es

**❶ 렌페 Renfe**
스페인 공식 철도로 장거리는 물론 유럽의 각국으로 연결되는 다양한 노선이 많다. 안달루시아의 경우 도시 간 기차 연결이 잘 되어있지만 큰 도시가 아닌 경우에는 지역 버스를 타야 하는 경우도 많다.
기차와 버스 각각의 소요 시간 차이가 크지 않기 때문에 자신의 여행 일정에 맞춰 선택하면 된다. 성수기가 아닌 때에는 기차에 승객이 많지 않아서 여유롭게 바깥 풍경을 즐기면서 이동할 수 있다. 열차 칸마다 캐리어를 보관할 수 있는 곳이 마련되어있는데 승객이 많지 않거나 캐리어가 크지 않은 경우에는 분실의 위험에 대비해 자리 옆에 두는 것을 권한다.
안달루시아 내에서 이동할 때는 대체로 쾌적한 편인데 바르셀로나나 마드리드와 같이 큰 도시를 오가는 장거리 기차의 경우 좁고 이동 시간이 길기 때문에 중요 물품을 잘 챙기는 것이 좋다. 고속기차 아베AVE는 우리나라의 KTX와 비슷해 시설이 괜찮고 빨리 이동할 수 있지만, 언제 예매하느냐에 따라 비행기표만큼 비싼 값을 지불해야 할 수도 있다. 미리 예매할 경우 저렴한 표를 구입할 수 있으며 왕복으로 구입할 경우 더 저렴하다.

**❷ 쎄르까니아 Cercanía**
렌페가 도시에서 도시로 이동하는 기차라면 쎄르까니아는 같은 도시 안에서 작은 마을로 가는 단거리 기차다. 예를 들어 꼬르도바에서 그라나다로 갈 때는 렌페를 타고, 까디스에서 헤레스 데 프론떼라 공항으로는 쎄르까니아를 타고 갈 수 있다. 렌페와 쎄르까니아 모두 같은 기차역을 이용한다.

### 2. 버스

**❶ 알사 Alsa**
스페인 공식 버스로 국내 장거리는 물론 유럽의 각국으로 연결되는 노선도 있는, 기차와 비교하면 렌페 같은 것이라고 보면 된다. 지정 좌석제로 캐리어는 버스 밑 짐칸에 따로 싣는데, 간혹 짐 전체를 도난당하는 경우가 있다. 버스가 직행이 아니라 중간에 멈추는 정류장이 있다면 유심히 지켜보는 것이 좋다. 마드리드나 바르셀로나에서 출발하는 야간 버스도 있으니 일정이 빠듯하다면 이용해볼 수 있다. 미리 예매하면 저렴한 표를 구입할 수 있으며 왕복으로 구입할 경우 더 저렴하다.
**홈페이지** www.alsa.es

### ❷ 그 밖의 버스
안달루시아 지역 내를 연결하는 버스 노선이 많다. 버스터미널에 가면 버스회사별로 창구가 있는데 목적지를 보고 표를 구입하면 된다.
**홈페이지** samar.es

### 3. 택시
공항이나 기차역에서 탑승할 경우 추가요금이 붙으며 트렁크에 짐을 싣는 경우, 짐이 많은 경우, 사람이 많은 경우, 탑승 시간 등등 추가 요금을 지불해야 하는 이유가 엄청나게 많다. 해당 내용은 택시 유리창에 붙은 인포그래픽을 참고하자.
기사들은 친절한 편이나 지방으로 갈수록 영어가 통하지 않는다. 하지만 원하는 목적지를 스페인어로 적어뒀다가 보여주는 것이면 충분하다. 안달루시아의 경우 택시기사들도 작고 복잡한 거리 이름을 다 외우지 못하는 경우가 많아서 지도를 보여주는 것도 방법이다.

## 숙소 종류

### 1. 빠라도르 www.parador.es
스페인에만 있는 특별한 숙소, 바로 빠라도르 Parador다. 국가에서 운영하는 이곳은 과거에 성이나 궁전이었던 건물을 개조하여 만든 호텔로 높은 수준의 서비스와 옛날 어느 성에서 자는 듯한 실내 인테리어가 장점이다. 물론 새롭게 만들어지는 빠라도르는 모던한 느낌으로 만들어진 곳도 있긴 한데 이왕이면 예전 모습을 간직하고 있는 곳을 이용해보길 추천한다. 안달루시아에는 도시마다 대부분 빠라도르가 있는데 지역 간의 가격 차이도 커서 많게는 두 배 이상 차이가 나기도 한다. 그렇다고 해서 일반 호텔보다 무조건 비싼 것은 아니니, 호텔을 알아보기 전에 꼭 먼저 비교해보자.
홈페이지를 통해서 날짜를 잘 고르면 저렴한 가격에 이용할 수도 있는데 꼭 큰 도시에서 이용하지 않아도 된다면 작은 도시의 빠라도르를 이용해보는 것도 좋다. 저렴한 가격뿐만 아니라 화려한 빠라도르와는 또 다른, 고즈넉함과 여유로움을 느낄 수 있을 것이다.

### 2. 호텔
다른 유럽보다는 물가가 저렴한 편이라서 가격 대비 좋은 호텔을 이용할 수 있다. 별 세 개 이상만 되어도 예상보다 좋은 곳이 많으니 별의 개수에 너무 신경 쓰지 말자.

### 3. 호스텔
성수기의 호스텔은 각지에서 모여든 배낭 여행족으로 언제나 붐빈다. 사교성이 좋다면 친구를 사귀기에 좋은 기회기도 하지만 많게는

20명이 넘는 인원이 한 방에서 생활하는 것이 불편할 수도 있으니 참고하길. 비성수기의 경우는 반대로 20명이 넘게 쓸 수 있는 방을 혼자 쓰는 호화로움을 느껴볼 수도 있지만 이것이 막상 무서움을 유발하기도 한다.

### 4. 민박
안달루시아의 큰 도시에는 한인민박이 있는데, 아침으로 한식을 먹을 수 있고 여행 정보를 쉽게 얻을 수 있다는 장점이 있다. 하지만 화장실이 부족한 경우가 많아서 아침이나 저녁 시간에 급하게 샤워를 해야 하는 번거로움이 있다. 혼자 여행을 간 경우에는 민박에서 일정이 맞는 사람끼리 모여서 같이 다니기도 하는데 이 집 저 집을 다니는 따빠스 문화를 즐기기엔 혼자보다 여럿이 낫다.

### 5. 에어비앤비 www.airbnb.com
요즘 전 세계적인 열풍을 불러일으키고 있는 숙박업으로, 홈페이지나 앱을 통해 현지인의 집을 빌리는 제도다. 방 하나만 빌려서 주방, 욕실을 함께 사용하는 경우도 있고 집 전체를 빌려서 혼자 쓰는 경우도 있다. 여행 일정을 9월쯤으로 잡았다면 에어비앤비를 이용해볼 것을 추천하는데, 현지인들의 휴가가 8월에 끝나 좋은 집을 얻을 가능성이 크기 때문이다. 특히 바닷가가 보이는 까디스나 말라가에서 이용해보는 것을 추천하고 싶다. 집에서 슬슬 나와서 바닷가에서 누워있다가 다시 집으로 들어가는 생활이 매력적으로 들리지 않는지. 다만, 에어비앤비 회사 측에서 여행자의 안전을 위한 다양한 장치를 마련해두었음에도 불구하고 가끔씩 불미스러운 사건 사고 소식이 들린다. 비상상황에 대한 대비를 철저히 해두기를 권하며, 혼자 하는 여행일 경우 신중하게 고민하고 선택하길 바란다.

### 역사와 문화

안달루시아는 로마제국 시대를 거쳐서 오랜 시간 이슬람 시대를 겪은 뒤 다시 기독교 문화가 들어온, 서양에서 보기 힘든 독특한 역사를 지닌 곳이다. 게다가 각각의 문화를 융합하고 발전시켜서 자신들만의 전통문화를 간직하고 있다. 건축은 물론이고 투우, 플라멩코까지 다양한 볼거리와 즐길거리가 있는 곳으로 매일매일 새로운 즐거움을 느낄 수 있을 것이다.

## 알아두면 편리한 스페인어

뜻 스페인어 표기 **발음**의 순서입니다.

1 Uno 우노
2 Dos 도스
3 Tres 뜨레스
4 Cuatro 꾸아뜨로
5 Cinco 씬꼬
6 Seis 쎄이쓰
7 Siete 씨에떼
8 Ocho 오쵸
9 Nueve 누에베
10 Diez 디에쓰

---

거리 Calle 까예
대로 Avenida 아베니다
광장 Plaza 플라싸
· 약식으로 표기할 경우 각각 C/, Av/, Pl.로 쓰기도 한다.

---

음료 Bebida 베비다
맥주 Cerveza 쎄르베싸
레드와인 Vino Tinto 비노 띤또
화이트와인 Vino Blanco 비노블랑꼬
상그리아 Sangría 상그리아

상그리아보다 가벼운 과실주, 스페인의 여름 술
Tinto de Verano 띤또 데 베라노
물 Agua 아구아
탄산수 Agua con Gas 아구아 꼰 가스

---

커피 Café 까페
에스프레소 Café Solo 까페 쏠로
스페인식 카페라떼(에스프레소에 우유 거품만
살짝 얹은 것) Cortado 꼬르따도
카페라떼 Café con Leche 까페 꼰 레체

---

음식 Comida 꼬미다
고기 Carne 까르네
소고기 Ternera 떼르네라
돼지고기 Cerdo 쎄르도
닭고기 Pollo 뽀요
해산물 Marisco 마리스꼬
새우 Gamba 감바
오징어 Calamares 깔라마레스
생선 Pescado 페스까도
튀김 Frito 프리또
구이 Plancha 플란차
삶은 요리 Vapor 바뽀르
감자튀김 Patata Frito 빠따따 프리또

### 길 찾기

여기가 어디입니까? ¿Dónde estoy?
돈 데 에스또이?
OOO에 가고 싶습니다. Quiero ir a OOO.
끼에로 이르 아 OOO.

### 상점에서

착용해봐도 되나요? ¿Puedo probar esto?
뿌에도 프로바르 에스또?
OOO 사이즈가 있나요? ¿Hay OOO talla?
아이 OOO 따야?
얼마입니까? ¿Cuánto es? 꾸안또 에스?

### 음식점에서

예약했습니다. Tengo una mesa reservada.
땡고 우나 메싸 레쎄르바다.
메뉴판 주세요. La Carta, Por favor.
라 까르따 뽀르파보르.
영수증 주세요. La Cuenta, Por favor.
라 꾸엔따 뽀르파보르.
소금 간은 줄여주세요. Menos Sal, Por favor.
메노쓰 쌀, 뽀르파보르.

### 인사

좋은 아침입니다. Buenos días.
부에노쓰 디아쓰.
좋은 오후네요. Buenas tardes.
부에나쓰 따르데쓰.
좋은 저녁입니다. Buenas noches.
부에나쓰 노체쓰.
감사합니다. Gracias. 그라시아쓰.
실례합니다. Perdón. 뻬르돈.
안녕. Hola. 올라.
잘 가. Adiós. 아디오스.

**DAY 1**

# Sevilla

쎄비야 1

# 3천 년의 시간이
# 흐르는 날

쎄비야에 도착한 날, 여우비가 내렸다. 비를 피할 겸 카페에 들어가서 커피를 한잔 마시니 잘 알지 못하는 도시에서의 긴장감이 맑은 하늘에서 내리는 비와 섞여서 사라진다. 창밖으로 마차와 트램이 대성당을 끼고 지나가는 것이 보인다.
여름이면 도시 전체가 팬 위에 올려진 것 같다는 쎄비야는 '과달끼비르 강Guadalguivir을 따라 펼쳐진 평평한 대지'라는 뜻을 가지고 있다.

현재 안달루시아의 주도州都인 쎄비야는 고대 로마 시대에 지방 중심지였다가 12세기에는 이슬람문화권에 편입되었다. 13세기에 스페인 국토회복운동으로 다시 스페인에 속하면서 15세기 말에는 신대륙 무역의 기지로 전성기를 맞는다. 그렇게 도시 곳곳에는 3천 년 동안 무너지고 재정비되기를 반복하면서 쌓인 종교적, 정치적 문화가 서로 공존한다. 그래서인지 이 도시에는 그 무엇이라도 품어줄 것 같은 여유로움이 흐른다.
낯선 도시에서의 긴장을 내려놓고 쎄비야 대성당을 바라보면 어느새 3천 년의 시간 속으로 한 걸음 들어가 있는 자신을 만나게 될 것이다. 수많은 사람이 지나갔을, 그리고 지금도 흐르고 있는 그 시간처럼 쎄비야는 당신의 시간도 품어줄 것이다.

# 쎄비야 기본 정보 Sevilla

## 날씨

여름의 쎄비야를 두고 '팬 위에 올려진 도시'라고 표현할 만큼 이 평평한 대지의 열기는 무척 뜨겁다. 씨에스타Siesta(스페인 사람들의 낮잠 문화)가 없다면 어땠을까 싶을 정도로 한낮의 열기가 무섭다. 하지만 습하지는 않아서 해가 진 뒤에는 선선한 바람이 불어온다. 4~5월과 9~10월이 여행하기에 가장 좋은 날씨다.

## 교통

쎄비야는 안달루시아의 주도답게 항공, 기차, 버스 등의 교통편이 좋다. 안달루시아 여행을 계획한다면 쎄비야에서 시작해 말라가나 그라나다에서 마무리하는 것이 좋다.

### 공항에서 시내로 가는 방법

#### 1. 공항버스
시내로 가는 공항버스는 노선이 하나뿐이다. 공항에서 나와 버스정류장에서 탑승하며, 버스를 타기 전 표를 구입한다. 아르마스 광장Plaza de Armas과 싼타후스타 중앙역Estación de (AVE) Santa Justa을 거쳐간다. 약 30분 소요.
- **요금** 편도 4유로(카드, 현금 가능)
- **시간** 5:20~1:15
- **전화** +34 902 45 99 54

## 2. 택시

짐이 많거나 밤늦게 도착한다면 택시를 이용하는 것도 좋다. 공항에서 시내까지 보통 15분 정도 소요되며 요금은 15~22유로 정도다. 온라인 택시 사이트를 통해 미리 예약할 수도 있다. 24시간 예약 가능하며 모바일 앱도 있다.
- 예약 www.radiotaxidesevilla.es

## 기차역에서 시내로 가는 방법

스페인의 다른 지역에서 고속기차 아베<sup>AVE</sup>를 타고 쎄비야로 들어갈 경우 싼타후스타 중앙역에 내린다. 역에서 나오면 정면에 택시승차장이 있고 조금 더 아래로 내려가면 버스정류장이 있다. 길을 건너지 않고 바로 나오는 정류장에서 버스를 타면 시내 방향으로 간다.

### 1. 시내버스

C1 버스(Prado de San Sebastián 행)를 타고 여덟 정거장을 지나 프라도 터미널<sup>Estación de Prado</sup>에서 하차한 뒤 트램 T1(Plaza Nueva 행)으로 환승한다. 두 정거장 후 쎄비야 대성당 앞에 하차한다.

## 버스터미널에서 시내로 가는 방법

쎄비야에는 두 개의 버스터미널이 있다. 아르마스 터미널과 프라도 싼 쎄바스티안 터미널이다.

### 아르마스 버스 터미널
Estación de Autobuses Plaza de Armas
- 주소 Avenida Cristo de la Expiración, s/n, 41001 Sevilla

### 1. 걸어가기

아르마스 터미널은 과달끼비르 강가에 있다. 시내까지 충분히 걸어갈 수 있는 거리다. 강가를 따라 시내 쪽으로 걷다 보면 뜨리아나 다리, 황금의 탑, 투우 경기장을 모두 볼 수 있다. 쎄비야 대성당까지는 약 1.4km 정도로 15분쯤 소요된다. 짐이 많지 않다면 산책하듯 걸어서 쎄비야로 들어가면 어떨까?

### 2. 시내버스

C4(Prado San Sebastián 행), 03(Bellavista 행), 21(Polígono San Pablo 행) 버스를 타고 세 정거장 후 하차한다. 500m 정도 걸어가면 쎄비야 대성당이 나온다.

### 프라도 싼 쎄바스티안 버스 터미널
Estación de Autobuses Prado de San Sebastián
- 주소 Calle Manuel Vázquez Sagastizabal, s/n, 41001 Sevilla

### 1. 걸어가기

아르마스 터미널이 강가를 끼고 걷는다면 프라도 싼 쎄바스티안 터미널은 도심을 향해 걷는다고 생각하면 된다. 시내로 가는 길에는 쎄비야 대학교와 쎄비야에서 가장 오래되고 비싼 알폰소 호텔이 있다. 쎄비야 대성당까지는 약 1km의 거리로 12분 정도 소요된다. 트램을 따라가는 길이라 어렵지 않다.

### 2. 트램<sup>TRAM</sup>

쎄비야 시내를 가로지르는 트램을 타보는 것도 좋다. 터미널에서 나와 T1(Plaza Nueva 행)을 타고 두 정거장을 지나면 바로 쎄비야 대성당 앞에 하차한다. 정류장에 티켓발권기가 있고 1회권은 1.4유로, 1일권은 5유로, 3일권은 10유로다. 1일권과 3일권은 1.5유로의 보증금을 내야 하며 쎄비야를 떠날 때 환불받을 수 있다. 한 번만 탑승한다면 버스기사에게 1.4유로를 현금으로 지불해도 된다.

## 인포메이션 센터

### 1. 싼타후스타 중앙역 인포메이션 센터
- **주소** Avenida Kansas City, s/n, 41007 Sevilla
- **시간** 월~토 9:30~20:30 일·공휴일 9:30~14:30

### 2. 공항 인포메이션 센터
- **시간** 월~토 9:00~14:00(일·공휴일 휴무)

### 3. 메인 인포메이션 센터
쎄비야 공식센터로 쎄비야에 도착한다면 제일 먼저 들러야 하는 곳이다. 지도는 물론이고, 시티투어 버스티켓, 각종 입장권을 예매할 수 있다.
- **주소** Avenida de la Constitución, 21, 41004 Sevilla
- **시간** 10:00~19:00

## 시티투어 버스

24시간권과 48시간권이 있고 인포메이션 센터에서 구입할 경우 24시간권 가격으로 48시간권을 구입할 수 있으니 꼭 기억해두자. 사실 쎄비야는 그다지 크지 않기 때문에 걸어서 다니기에도 무리가 없다. 하지만 뜨거운 한여름에 쎄비야를 방문했거나 뜨리아나 지역, 마카레나 지역 등 조금 먼 곳까지 수월하게 가보고 싶다면 이용해보는 것도 좋다. 코스 중간에 투어 버스 티켓 소지자에게 무료로 제공되는 네 개의 워킹 가이드투어가 있는데, 영어와 스페인어로 진행된다. 정차하는 곳에 대한 정보가 안내방송으로 나오는데, 한국어는 지원되지 않는다. 버스 내 무료 와이파이가 가능하다.

**TIP 1** 아르마스 터미널에는 스페인의 주요 도시와 포르투갈을 오가는 버스가 많고, 프라도 싼 쎄바스티안 터미널에는 안달루시아의 소도시를 연결하는 버스가 많다. 하지만 아르마스 터미널에도 안달루시아의 작은 도시들을 연결하는 버스가 꽤 있다. 그라나다로 가는 버스는 두 터미널에 모두 있으니 시간, 장소, 거리 등을 미리 비교해보자. 론다에 간다면 프라도 싼 쎄바스티안 터미널을 이용해야 한다.

**TIP 2** 다음 일정이 결정되었다면 미리 표를 구입해두자. 창구에서 직접 표를 구입하는 것이 걱정된다면 터미널에 있는 무인티켓발권기를 이용하자.

- **시간** 10:00~22:00 사이 30분 간격으로 출발.
  1시간 15분 소요
- **가격** 24시간권 18유로, 8유로(어린이), 48시간권
  21유로, 9유로(어린이)

## 비씨 BICI (자전거 대여)

유럽의 대도시에서 자전거를 빌려 여행하는 것은 이제 하나의 여행 문화가 되었다. 쎄비야에는 조금 더 특별한 자전거가 있다. 바로 전기자전거Bicicletas eléctricas! 전기자전거를 타면 힘들지 않고 건강하게 쎄비야의 곳곳을 다닐 수 있다. 물론, 일반 자전거도 대여할 수 있다.

### 1. 전기자전거
- **요금** 2시간 15유로, 1일 40유로
  (시간에 따라 조절 가능하다)
- **예약** www.cyclotour.es(자전거 외에도 오토바이, 세그웨이까지 종류가 다양하다)

  **TIP 1** 쎄비야에 있는 시간이 짧다면 자전거 가이드투어를 추천한다. 1시간 정도 소요되며 자전거 대여비를 포함하여 20유로다. 단, 투어는 일반자전거를 이용한다.

### 2. 일반자전거
- **요금** 3시간 7~9유로, 하루 12~15유로
- **예약**
  **See By Bike** www.seebybike.com
  **Bici4City** www.bici4city.com
  **Sevilla Bike Tour** sevillabiketour.com

## 과달끼비르 강 유람선

쎄비야에도 강을 따라 흘러가는 유람선이 있다. 과달끼비르 강가의 황금의 탑 앞에서 승차하며 1시간 정도 소요된다. 5월부터 10월까지는 과달끼비르 강을 따라 까디스의 해안으로 가는 투어도 있다.
한 해의 마지막 날인 12월 31일에는 특별한 유람선이 운행된다. 스페인 사람들은 12월 31일을 노체 비에하Nochevieja라고 부르며 이 날엔 온 가족이 모여서 파티를 하는데, 자정에 울리는 카운트다운에 맞춰 12개의 포도알을 먹는 풍습이 있다. 안달루시아 전통 코스요리와 함께 플라멩코 공연도 한다. 과달끼비르 강 위에서 아름다운 야경을 보며 한 해를 마감할 수 있는 이 특별한 유람선은 일인당 168유로부터 시작된다. 저녁 9시 반부터 자정까지 좋은 와인과 음식을 즐겨보는 것도 색다른 경험이 될 것이다.

### 과달끼비르 유람선 선착장
Estación Marítima Torre del Oro
- **주소** Paseo Marqués del Contadero, s/n
  Sevilla
- **요금** 16유로
- **전화** +34 954 56 16 92

## 숙박

### 1. 호텔 싼 프란시스코 Hotel San Francisco
쎄비야 시내 중심지에 있어서 쎄비야 대성당과 매우 가깝다. 저렴하고 방이 넓으며 깨끗하지만 1층 거리 쪽 방을 배정받을 경우 밤에는 조금 시끄러울 수 있다.
- 주소  Calle Álvarez Quintero, 38, 41004 Sevilla
- 전화  +34 954 50 15 41
- 예산  트윈룸 기준 1박 70유로~
- 홈페이지  www.sanfranciscoh.com
- 메일  info@sanfranciscoh.com

### 2. 호텔 부띠끄 까사 데 싼타 크루쓰
Hotel Boutique Casas de Santa Cruz
안달루시아 전통 가옥을 개조하여 만든 호텔로 깨끗하고 넓다. 아름다운 빠띠오를 가운데 두고 객실이 있고 각기 다른 타일과 나무장식으로 되어있다. 레스토랑을 함께 운영하고 있는데 전통 안달루시아의 음식을 맛볼 수 있어서 인기가 많다.
- 주소  Calle Pimienta, 4, 41004 Sevilla
- 전화  +34 954 22 46 39
- 예산  트윈룸 기준 1박 120유로~
- 홈페이지  www.casasdesantacruz.com
- 메일  hotel@casasdesantacruz.com

### 3. 한인민박
책 읽는 침대, 쎄비야 쎈트로 민박 등이 있으며 한식을 먹을 수 있고 정보교환이 쉽다는 장점이 있다. 화장실이나 샤워실을 공용으로 사용하기 때문에 번잡할 수 있다.
- 예산  도미토리 30유로~, 2인실 50유로~

### 4. 폰테크루쓰 쎄비야 Fontecruz Sevilla
시내 중심에 위치한 고급스러운 호텔. 옥상에서는 히랄다 탑을 바라보며 수영을 즐길 수 있다.
- 주소  Abades, 41, 41004 Sevilla
- 전화  +34 954 97 90 09
- 예산  트윈룸 기준 1박 230유로~
- 홈페이지  www.fontecruzhoteles.com
- 메일  recepcion@fontecruzsevilla.com

### 5. 히스파노 루쓰 호스텔 Hostal Hispano Luz
개인 샤워실이 있는 게스트하우스로 저렴한 가격에 이용할 수 있다. 쎄비야 대성당과 불과 150m 떨어진 곳에 있어 위치가 좋다.
- 주소  Miguel Mañara, 4, 41004 Sevilla
- 전화  +34 955 63 80 79
- 예산  트윈룸 기준 1박 73유로~
- 홈페이지  www.hispanoluzconfort.com
- 메일  hispanoluz@gmail.com

### 6. 호텔 돈나 마리아 Hotel Doña María
시내 중심에 위치한 고급스러운 호텔. 가끔 아주 저렴한 금액으로 좋은 방이 한두 개 나오기도 하니 기회를 엿볼 만하다.
- 주소  Calle Don Remondo, 19, 41004 Sevilla
- 전화  +34 954 22 49 90
- 예산  트윈룸 기준 1박 150유로~
- 홈페이지  www.hdmaria.com
- 메일  reservas@hdmaria.com

## 쎄비야에서 꼭 사야 하는 네 가지

### 1. 여름 원피스

안달루시아 지역의 소문난 멋쟁이 쎄비야노들의 쇼핑
**아미치**Amichi

쎄비야에서는 유럽에서 거의 볼 수 없는, 하이힐을 신은 까만 곱슬머리의 여자들을 심심찮게 볼 수 있을 만큼 쎄비야노들은 옷차림에 예민한 편이다. 아직 한국에 알려지지 않은 스페인 디자이너 브랜드 아미치에서 한여름에 가볍게 입을 만한 시원한 원피스를 구입해보는 것은 어떨까.

- 주소  Calle Rioja, 4, 41001 Sevilla
- 전화  +34 954 21 85 42

### 2. 핸드메이드 부채

언제라도 쎄비야의 바람을 불러다 줄 것 같은 핸드메이드 부채 가게
**디싸**Diza

더운 여름에 살랑살랑 흔들어 볼 수제 부채로 가득한 곳이다. 가격은 천차만별. 자신에게 맞는 부채를 골라 돌아가는 여행 가방에 챙겨가자. 한국에서 부채를 살랑살랑 부칠 때마다 쎄비야의 공기가 느껴질 것이다.

- 주소  Calle Sierpes, 75, 41004 Sevilla
- 전화  +34 954 21 81 33

### 3. 빠에야 가루

다양한 향신료를 구입할 수 있는 가게
**에르볼라리오 에쎈씨아스**Herbolario Esencias

그야말로 다양한 향신료의 천국이다. 사프란과 색소, 양념을 섞어놓은 빠에야 가루를 추천한다. 이 빠에야 가루는 우리나라 카레 가루처럼 쉽게 풀어 쓸 수 있어서 간단하게 빠에야를 만들고 싶은 사람들에게 요긴한 재료가 될 것이다. 스페인에서 맛 본 빠에야가 그리워질 어느 날을 대비하여 챙기면 좋을 아이템이다.

- 주소  Calle Jamerdana, 1, 41004 Sevilla
- 전화  +34 955 28 94 74

### 4. 오렌지와인

안달루시아 지역의 유기농 식료품 가게
**안달루시안따스떼**Andalusiantaste

안달루시아 지역의 고급 와인과 식료품 등 다양한 제품들을 만날 수 있다. 온라인 숍도 함께 운영하고 있으며, 쎄비야의 특산품인 오렌지와인도 구입 가능하다.

- 주소  Pasaje de Andreu, 1b, 41004 Sevilla
- 전화  +34 954 21 17 11
- 홈페이지  www.andalusiantaste.com

# 나를 위한 춤,
# 플라멩코

Theme 1

 쎄비야에서 묵은 숙소의 주인, 발레리아Valeria는 플라멩코 무용수이자 선생님이다. 그녀를 통해 듣게 된 플라멩코의 시작에는 무대 위의 공연을 마냥 흥겹게 즐기기엔 너무나도 애절한 사연이 있다.

 플라멩코의 시작은 마녀사냥이 빈번하게 이루어지던 시절, 아무런 이유 없이 끌려가 불 속에 던져지는 딸을 보면서도 소리조차 낼 수 없었던 가난하고 힘없는 어머니가 자신의 가슴을 치며 부르던 노래였고, 사랑하지만 신분의 차이로 이루어질 수 없는 현실에 숨죽여 노래하며 참아가던 여인의 몸짓이었다고 한다. 우리 조상들의 한 서린 음악처럼 그들도 억울한 현실에 부딪혀도 참을 수밖에 없었던 마음을 승화한 몸짓에서 시작된 것이다.

민속 노래와 춤, 기타로 이루어진 플라멩코의 시작이 정확히 언제인지는 알려지지 않았지만 집시들로부터 유래된 문화로 추정한다. 지금처럼 스페인을 대표하는 공연으로 자리 잡은 것은 사실 얼마 되지 않았다고 한다. 원래는 캐스터네츠나 기타 소리도 없었고, 지금처럼 구두를 신고 춤을 췄던 것이 아니어서 마룻바닥을 울리는 소리도 없이 오로지 춤과 목소리로만 이루어진, 그저 집시의 문화로만 인식되었다. 그러다가 파리만국박람회에서 처음으로 스페인 국외 공연이 열렸고 세계적인 관심을 받으며 지원을 받고 성장해 나가면서 지금의 모습으로 발전했다. 재밌는 사실은 플라멩코 음악은 악보도 없이 구전으로 내려오던 것을 배우는 식이었는데, 지금처럼 공연화되기 전의 음악이 훨씬 더 복잡하고 기교가 많았다고 한다.

### 플라멩코 무용수 발레리아가 알려주는 플라멩코 공연 팁

길거리나 골목의 작은 바에서도 플라멩코 공연을 볼 수 있지만, 패키지나 관광객을 상대로 하는 관광상품용 공연들이 많이 있으니 큰 공연장에서 열리는 공연을 보는 것을 추천한다. 안달루시아에서 플라멩코 공연으로 대표적인 도시는 쎄비야, 꼬르도바, 그라나다로 특히 쎄비야의 플라멩코는 우수한 기획과 잘 짜여진 공연을 보여준다. 큰 기획사에서 주관하는 체계적인 공연도 많고, 2년에 한 번씩 열리는 플라멩코 비엔날레에서는 유명 가수들의 공연도 볼 수 있다.

- 쎄비야의 플라멩코 공연 정보
  www.flamencotickets.com

## 플라멩코 더 즐기기 1
## "플라멩코 비엔날레"

1979년에 처음 열린 쎄비야 국제 플라멩코 비엔날레는 현재는 2년에 한 번씩, 짝수 해마다 열린다. 비엔날레가 열리는 9월에서 10월 사이 한 달여의 기간 동안 쎄비야의 거리는 플라멩코로 물든다. 큰 공연장은 물론이고 길거리에서도 수준 높은 공연을 즐길 수 있다. 가격은 4유로에서 45유로까지 다양하며 인기 있는 공연들은 매진되기도 하니 미리 예약하는 것이 좋다.

- **홈페이지** www.labienal.com
- **예매** www.generaltickets.com/sevilla, www.labienal.com, www.teatrolopedevega.org

## 쎄비야의 대표적인 플라멩코 공연장

### 로페 데 베가 극장
*Teatro lope de Vega*

1929년 쎄비야에서 열린 만국박람회를 위해 세운 극장으로 카지노와 공연장으로 사용되었다. 1988년 리모델링 후 로페 데 베가 극장으로 이름을 바꾸면서 다양한 공연을 개최하는, 쎄비야의 대표적인 공연장이 되었다. 플라멩코 공연 외에도 클래식부터 현대 음악까지 수준 높은 공연을 볼 수 있다. 홈페이지에서 시즌별로 다양한 공연 정보를 확인할 수 있다. 비엔날레 시즌은 물론 시즌 외에도 수준급의 공연이 개최된다.

- **주소** Avenida de María Luisa, s/n, 41013 Sevilla
- **전화** +34 955 47 28 28
- **가격** 10~30유로
- **홈페이지** www.teatrolopedevega.org

### ❷ 마에스트란싸 극장
*Teatro de la Maestranza*

1991년 문을 연, 안달루시아를 대표하는 오페라 극장으로 안달루시아 문화 발전의 선두라고 자부한다. 쎄비야 왕립 오케스트라와 함께하는 다양한 공연을 즐길 수 있다. 발레부터 재즈, 클래식, 플라멩코까지 매년 수준 높은 공연을 하는 곳으로 홈페이지에서 정보를 볼 수 있다. 비엔날레 시즌은 물론 시즌 외에도 운영된다.

- 주소  Paseo de Cristóbal Colón, 22, 41001 Sevilla
- 전화  +34 954 22 33 44
- 가격  22~40유로
- 홈페이지  www.teatrodelamaestranza.es

### ❸ 중앙극장
*Teatro Central*

1992년 쎄비야 박람회를 위해 세워진 극장. 쎄비야 시에서 운영하는 곳으로 공연예술학교가 함께 운영되고 있다. 댄스, 음악 공연 등의 현대적 공연은 물론이고 발레와 접목된 플라멩코 등의 공연도 볼 수 있다. 비엔날레 시즌은 물론 시즌 외에도 다양한 공연을 볼 수 있다.

- 주소  Calle José de Gálvez, 41092 Sevilla
- 전화  +34 955 03 77 20
- 가격  22유로
- 홈페이지  www.juntadeandalucia.es

### ❹ 몬떼 뜨리아나 호텔
*Monte Triana Hotel*

플라멩코의 근원지인 뜨리아나 지구에 위치한 몬떼 뜨리아나 호텔은 하늘이 보이는 스페인식 중정 '빠띠오'에서 공연을 즐길 수 있어 인기가 많다. 비엔날레 기간 외에는 공연을 따로 하지는 않지만 호텔 직원을 통해 그때그때 좋은 공연 정보를 얻을 수 있다.

- 주소  Calle Clara de Jésus Montero, 24, 41010 Sevilla
- 전화  +34 954 34 31 11
- 가격  25유로

### ⑤ 알라메다 극장
*Teatro Alameda*

가족 단위의 공연이나 어린이들을 위한 공연 및 다양한 수업이 진행되며 어린이 예술문화 학교로 운영되고 있다. 비엔날레 이외의 기간에는 학교로 운영되고 있기 때문에 외부인을 위한 공연이 열리진 않는다.

- 주소  Calle Crédito, 13, 41002 Sevilla
- 전화  +34 954 90 01 64
- 가격  10~12유로
- 홈페이지  teatroalamedasevilla.org

### ⑥ 알카사르 궁전
*Real Alcázar*

그라나다의 알람브라 궁전의 자매라고도 불리는 아름다운 정원에서 보는 다양한 공연이 매력적이다. 비엔날레 시즌 외에는 오케스트라 공연이나 재즈 등의 공연도 열린다.

- 주소  Patio de Banderas, s/n, 41004 Sevilla
- 전화  +34 954 50 23 24
- 가격  30유로

## 플라멩코 더 즐기기 2
### 우노, 도스, 뜨레스 Uno, Dos, Tres (하나 둘 셋)
## "플라멩코를 배워보자"

전문 무용수를 양성하는 코스부터 어학연수를 받으면서 취미로 플라멩코 수업을 추가할 수 있는 코스, 여행길에 하루 잠깐 경험해볼 수 있는 수업까지 다양한 코스가 있으니 관심이 있다면 한번 참여해보자. 보고 듣는 여행과는 또 다른, 색다른 경험이 될 것이다.

어쩌면 수업을 듣지 않더라도 플라멩코를 출 기회가 생길 수도 있다. 플라멩코 공연에서는 종종 관객 중 몇몇을 무대로 이끌어 기본 스텝을 알려주며 같이 춤을 추곤 한다. 국적이 모두 다른 사람들이 한 무대에 올라서서 어설프게 따라하는 모습을 보고 있으면 덩달아 기분이 좋아진다. 당신에게 무용수가 손을 내민다면 부끄러워하지 말고 못 이기는 척 무대로 나가보자. 어설플지라도 우노, 도스, 뜨레스에 맞춰서 음악에 몸을 맡기다 보면 어느새 당신도 쎄비야노가 되어있을지도.

# 쎄비야에서 플라멩코를 배울 수 있는 곳

### ❶ 플라멩코 스튜디오
*Estudio Flamenco*

그룹별 초급 체험 코스부터 개별 심화 코스까지 다양한 수업이 있다. 여행 중 친구와 함께 체험해 보기에 좋다. 전화와 이메일, 홈페이지를 통해 예약할 수 있다.

- **주소** Administrador Gutiérrez Anaya, 5-11, 41020 Sevilla
- **전화** +34 617 10 36 53
- **수업시간** 초급 체험 수업 1시간 (개인 수업으로 원하는 시간대로 조절 가능)
- **수강료** 45유로 안팎 (개인 수업으로 진행되며 1시간에 45유로, 2시간에 80유로로 등록하는 시간이 많을수록 수업료가 할인된다)
- **홈페이지** www.estudioflamenco.com
- **이메일** info@estudioflamenco.com

### ❷ 따예르 플라멩코
*Taller Flamenco*

플라멩코 수업과 스페인어 어학 코스가 연계되어 있어서 단기 어학연수를 하면서 플라멩코를 배울 수 있다. 전화와 이메일, 홈페이지를 통해 예약할 수 있다.

- **주소** Calle Peral, 49, 1ª planta, 41002 Sevilla
- **전화** +34 954 56 42 34
- **수업시간** 월~금까지 90분 동안 진행되며, 어학연수와 병행해서 시간표를 조절할 수 있다. 2주 코스로 수강하는 경우가 많다.
- **수강료** 460~623유로 (7명 이하로 구성된 수업의 한 달 수강 기준, 스페인어 수강료 별도)
- **홈페이지** www.tallerflamenco.com
- **이메일** info@tallerflamenco.com

## 플라멩코 더 즐기기 3
### 플라멩코 공연을 볼 수 있는 레스토랑
# "따블라오"

쎄비야에서 플라멩코를 보기 좋은 또 하나의 이유는 곳곳에 수준급의 따블라오$^{Tablao}$가 많기 때문이다. 안달루시아의 주도인 쎄비야는 다른 도시보다 인구가 많고 규모가 크다 보니 플라멩코와 관련된 문화도 더 발달한 편이다. 이미 많이 알려진 로스 가요스$^{Los\ Gallos}$와 따블라오 엘 아레날$^{Tablao\ el\ Arenal}$ 외에도 길을 걷다 보면 수많은 공연 포스터를 볼 수 있는데, 수준급의 공연은 아니더라도 간단하게 따빠스를 즐기면서 기분을 낼 수 있는 곳들이 많으니 주저 말고 들어가볼 것을 추천한다.

- **따블라오 공연 팁** 공연 티켓비를 따로 내지 않아도 따빠스 바나 레스토랑에서 자체적으로 저녁 공연을 하는 경우가 많다. 골목을 걷다 보면 가게 앞에 붙어있는 포스터나 칠판을 자주 마주치게 되는데, 이들을 잘 살펴보자. 기대 이상의 공연을 코앞에서 관람할 수 있는 행운도 드물지만은 않다.

## 쎄비야의 대표적인 따블라오

### ❶ 로스 가요스
*Los Gallos*

1966년에 문을 연 쎄비야에서 가장 오래된 플라멩코 공연장. 열한 명의 아티스트로 이루어진 공연은 기타 독주와 캐스터네츠 독무 등으로 이루어져있다. 작은 선술집이라 공연의 숨소리까지 함께 느낄 수 있다.

- 주소 Plaza de Santa Cruz, 11, 41004 Sevilla
- 전화 +34 954 21 69 81 (11:00~24:00)
- 공연 시간 20:15~22:00, 22:30~24:15
- 가격 35유로 (음료 1잔 포함)
- 홈페이지 www.tablaolosgallos.com
- 이메일 info@tablaolosgallos.com

### ❷ 따블라오 엘 아레날
*Tablao el Arenal*

최근 인기를 끌고 있는 공연장으로, 2014년 방영된 <꽃보다 할배: 스페인 편>에서 할배들이 방문했던 따블라오다. 공연을 보는 도중에 음식이 서빙되어 다소 산만하다는 평도 있다. 1975년에 문을 연, 쎄비야의 오래된 투우장과 마에스트란싸 공연장 사이에 있다. 전화와 이메일, 홈페이지를 통해 예매할 수 있다.

- 주소 Calle Rodo, 7, 41001 Sevilla
- 전화 +34 954 21 64 92
- 공연 시간 19:30, 21:30
- 가격 38유로(음료 1잔 포함), 60유로(따빠스 세트메뉴 포함/차가운 따빠스, 따듯한 따빠스, 음료, 디저트 제공), 72유로(안달루시아 전통 저녁 식사 포함-애피타이저, 메인 디시, 디저트와 음료)
- 홈페이지 tablaoelarenal.com
- 이메일 info@tablaoelarenal.com

## 플라멩코 더 즐기기 4
### 세계 유일의 플라멩코 자료
# "플라멩코 박물관"

쎄비야에서는 비성수기에도 도시 곳곳에 넘쳐나는 플라멩코 공연 덕분에 어렵지 않게 플라멩코를 즐길 수 있다. 하지만 혹시나 못 보게 되더라도 너무 아쉬워하지 말자. 18세기 건물 가득 플라멩코와 관련된 이야기들로 채워진 플라멩코 박물관에서는 공연을 보지 못한 아쉬움을 지우는 것은 물론이고 기대 이상의 재미를 얻을 수도 있다. 유명 가수들의 의상과 악기, 플라멩코의 역사 등이 이해하기 쉽게 전시되어 있으니 플라멩코 공연을 볼 사람들도 공연을 보기 전에 박물관 관람을 추천하고 싶다. 플라멩코에 대한 이해를 통해 공연에 더욱 집중할 수 있을 것이다.
박물관 관람 시간이 끝난 뒤에는 1층에 마련된 무대에서 플라멩코 공연이 열리니 홈페이지에서 예약하거나 현장에서 미리 예매하면 좋다.

### 플라멩코 박물관
*Museo del Baile Flamenco*

- **주소** Calle de Manuel Rojas Marcos, 3, 41004 Sevilla
- **전화** +34 954 34 03 11
- **시간** 박물관 10:00~19:00 (연중무휴) 플라멩코 공연 19:00~20:00 (12월 24일, 1월 5일 휴무)
- **입장료** 박물관 성인 10유로, 학생 8유로 플라멩코 공연 성인 20유로, 학생 14유로
  박물관&플라멩코 공연 성인 24유로, 학생 18유로
- **홈페이지** www.museobaileflamenco.com

# 오페라의 도시, 팜므파탈 까르멘
## Carmen

Theme 2

    점심시간 종이 울리고 하나둘 밖으로 나오는 담배 공장 여공들 틈에서 빨간 옷을 입고 화려한 미소를 머금은 그녀는 문지기 호세에게 이렇게 노래한다.

    "사랑은 길들지 않은 새 / 아무리 애써도 길들지 않아 / 아무리 불러도 소용없어 / 한 번 싫다면 그만이야 / 내가 당신을 사랑하게 되면 당신은 나를 조심하세요."

    꽃을 흔들며 호세를 유혹하지만 넘어오지 않는 그를 보고 그녀는 다시 공장 안으로 들어간다.

프랑스 극작가 프로스페르 메리메의 소설을 원작으로 조르주 비제가 작곡한 오페라 〈까르멘〉의 배경은 바로 1820년대의 쎄비야다.

흔히 오페라의 도시로 이탈리아를 생각하지만 〈쎄비야의 이발사〉, 〈피가로의 결혼〉, 〈돈 주앙〉까지 약 25개의 오페라의 무대가 바로 쎄비야다. 뜨거운 태양만큼 매력적인 사람들, 이슬람과 기독교의 공존으로 인한 신비로운 문화, 쎄비야에서 많은 영감이 떠오른 것은 어쩌면 당연한 이야기일지도 모른다. 시간이 흐른 지금도 쎄비야의 골목을 다니다 보면 오페라의 무대 속을 걷는 기분을 느낄 수 있다. 그중에서도 비극적 결말이지만 매력적인 그녀, 까르멘을 따라가보는 건 어떨까. 어느 골목 끝에선가 열정적으로 사랑하고 끊임없이 자유를 꿈꾸던 그녀와 마주하게 될지도 모른다.

### 🌸 까르멘과 함께하는 쎄비야 여행이라면

만약 알폰소 호텔에서 하룻밤을 보낸다면 밤에 잠들기 전까지 까르멘을 읽어볼 거야. 그리고 아침이 되면 쎄비야 대학교부터 가겠지. 빨간 립스틱이 있다면 그녀처럼 도도하게 발라보는 것도 좋을 것 같아. 학교 앞 카페에 가서 아침으로 커피를 마시면서 보까디요를 먹겠어. 학교로 들어가서 어젯밤 읽었던 까르멘의 대사를 생각해보겠지. 잘생긴 스페인 대학생 구경도 하면서.

그리고 나와서 싼타크루쓰 골목을 걸어다닐 거야. 그 골목은 엄청 복잡해서 지도가 무의미할 정도니 아예 마음을 내려놓고 여기저기 구경하다가 릴라 파스티아의 술집 배경인 꼬랄 데 아구아 레스토랑에서 점심 식사를 하는 거지. 포도 넝쿨로 덮인 숲 속의 집 같은 그곳에서 기분 좋게 와인 한잔하지 않을 수 없겠지? 그다음에는 투우장으로 가는 길에 황금의 탑에 올라가서 과달끼비르 강 바람을 맞으면 좋겠지. 투우장까지 봤으면 슬슬 호텔로 돌아가 씨에스타를 좀 즐기다가 어둑어둑할 때쯤 나와서 플라멩코를 보는 거야. 어때? 오늘 하루 까르멘처럼 자유롭게 지내본 것 같지 않을까.

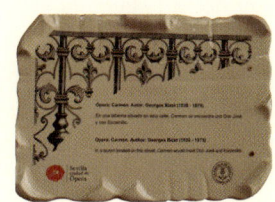

까르멘을 찾아 떠난 길 1
# "첫눈에 반한 그 남자, 돈 호세"
### 구 담배 공장: 현재 쎄비야 대학교

까르멘은 담배 공장의 여공이었다. 비극적인 파멸을 맞게 될 운명 같았던 남자 돈 호세는 담배 공장의 문지기였다. 돈 호세가 서있었을 듯한 쎄비야 대학교의 담벼락에서는 이곳이 예전에 담배 공장이었음을 알리는 표지판을 볼 수 있다. 그 시절 담배는 큰 부가가치를 올리는 쎄비야의 주된 산업이었다. 수공업으로 이루어졌던 담배 제조 과정에서는 아무래도 여성의 섬세한 손이 진가를 발휘했다고 한다. 그러다 보니 자연스럽게 기술이 좋은 여성의 지위가 높아졌고 몇몇은 남자들도 쉽게 접하지 못한 담배를 피기도 했다고.

재미있는 사실은 쎄비야는 공장을 운영할 정도로 담배 산업을 지지했지만 담배 연기를 악마의 숨이라 하며 국민들의 흡연은 금지했다고 한다. 당시 담배 산업은 외화를 벌 수 있는 주요 수단이었기 때문에 국민들이 담배를 많이 피우면 수출할 물량이 부족했다나. 어느 시대나 금지된 것에 대한 인간의 욕망은 큰 법. 서민들은 비싸서 구하지 못했던 담배가 귀족들 사이에서는 공공연하게 거래되었고 그 과정에서 담배 공장의 기술 좋은 여공들의 지위도 알게 모르게 높아졌다고 한다.

쎄비야 대학의 정문을 지나 오른쪽을 보면 작은 건물이 하나 있다. 까르멘이 동료와 다퉈서 감옥으로 가던 중 호세에게 풀어달라 유혹하여 자신은 달아나고 대신 호세가 직무 유기로 갇혔던 감옥이다. 안으로 들어가면 언뜻 보기에 감옥에 갇힌 것처럼 보이는 쎄비야노가 있다. 놀라지 말기를. 그는 그저 친절한 건물 관리인이다.

이제 쎄비야의 젊은 청년들이 모여있는 대학교 안으로 들어가보자. 학생이 아니어도 건물 곳곳을 둘러볼 수 있으니 수업이 끝난 빈 교실에도 앉아보고, 긴 복도에 서서 오래된 건물에서 뿜어져 나오는 젊음의 활기찬 기운을 받는 것도 좋다. 걷다 보면 스페인의 대표적인 건축양식인 빠띠오가 나온다. 빠띠오에 놓인 의자에 앉아 작은 분수의 물소리를 듣고 있으면 어디선가 까르멘의 노랫소리가 들릴지도.

### 쎄비야 대학교
*Universidad de Sevilla*

- **주소** Calle San Fernando, 4, 41004 Sevilla
- **관광객 입장 가능 시간** 월~금 8:00~20:30
- **입장료** 무료

## 쎄비야 대학교 근처의 이곳!

쎄비야 대학생들의 아지트에서 먹는
보까디요 Bocadillo

### 싼 페르난도 21
San Fernando 21

어디나 대학교 앞에는 싸고 양 많은 까페떼리아나 바가 있기 마련이다. 가게 이름도 따로 없이 주소가 곧 가게 이름인 이곳은 언제나 쎄비야 대학생들로 가득하다. 주로 학생들이 점심이나 간식으로 많이 먹는데 안달루시아 지방은 딱딱한 바게트 빵이 아닌 부드러운 모예떼Mollete(안떼께라Antequera 지방의 빵. 둥글넓적하고 바게트보다 부드럽다)를 사용한다. 개인적으로는 보까디요 데 또르띠야를 좋아하는데 짭짤하면서 고소한 맛이 꼭 먹어볼 만하다. 아침에 지나가는 길에 주문해서 과달끼비르 강가를 산책하며 먹는 것도 추천한다.

- 주소  Calle San Fernando, 21, 41004 Sevilla
- 시간  9:30~23:00(주인장 할아버지 스케줄에 따라 변동)
- 가격  보까디요 3~5유로, 메뉴 델 디아Menu del dia (오늘의 점심 세트) 9유로
- 추천메뉴  보까디요 데 또르띠야Bocadillo de Tortilla (스페인식 감자 오믈렛을 넣은 샌드위치)

20세기 유럽에서 가장 비싼 호텔
## 알폰소 13세 호텔
*Hotel Alfonso XIII*

쎄비야 대학교 옆에 심상치 않은 건물이 있다. 화려하면서도 고요한 분위기가 언뜻 보면 예전 어느 귀족의 저택으로 보인다. 바로 1929년 라틴아메리카 박람회를 위해 지어진 알폰소 13세 호텔이다. 왕의 이름을 따서 만든 호텔인 만큼 20세기 유럽에서 가장 호화로웠던 호텔로, 작은 창틀 하나까지도 안달루시아의 전통 건축양식을 따르고 있다.

예전에는 왕의 초대를 받은 세계 각국의 대통령이나 왕의 가족들만 묵을 수 있었지만, 현재는 일반 여행객들도 숙박할 수 있다.

- **주소** Calle San Fernando, 2, 41004 Sevilla
- **전화** +34 954 91 70 00
- **예산** 더블룸 기준 1박 480유로~, 아침 뷔페 27.5 유로(7:00~11:00)
- **주차** 1일 20유로
- **홈페이지** www.hotel-alfonsoxiii-seville.com
- **이메일** reservation.00088@luxurycollection.com
- **인터넷 사용** 공공 이용 시설 무료 와이파이 / 객실 1일 와이파이 사용료 18유로

일요일의 브런치가 유명한
## 싼 페르난도 레스토랑
*Restaurante San Fernando*

알폰소 13세 호텔 안에 있는 뛰어난 수준의 레스토랑. 일요일 브런치 메뉴가 인기가 많은데 안달루시아식의 따빠스로 이루어져있다. 호텔 홈페이지를 통해 예약할 수 있다.

- **전화** +34 954 91 70 44
- **일요일 브런치 시간** 일요일 13:00~16:00
- **일요일 브런치 가격** 44유로
- **이메일** guestservicecenter.00088@luxurycollection.com

동화 속 주인공이 되는 마차 택시
## 깔레사
*Calesa*

마차를 타고 호텔에 도착한다면 기분이 어떨까? 동화 속 주인공이 될 수 있는 기회. 호텔에 예약을 하면 마차를 타고 기차역이나 쎄비야 시내 등으로 이동할 수 있다. 반대로 기차역이나 버스터미널에서 마차를 타고 호텔로 이동할 수도 있다. 신데렐라의 무도회에 가는 기분으로 마차를 타보는 것도 특별한 추억이 될 것이다.

- **가격** 65~120유로

## 까르멘을 찾아 떠난 길 2
## "당신과 함께 그곳에 가면 정말 재밌을 거야"
### 쎄비야 성벽 근처 릴라 파스티아의 술집: 꼬랄 데 아구아 레스토랑

담배 공장 동료와 싸우고 감옥으로 끌려가던 까르멘은 문지기 호세에게 풀어달라 유혹하면서 노래를 부른다.
"쎄비야 성벽 근처에 가면 / 내 친구 릴라 파스티아의 바가 있어 / 혼자서는 지루해 / 당신과 함께 그곳에 가면 정말 재밌을 거야."
싼타크루쓰 지구의 작은 골목들을 지나 성벽을 따라 걷다 보면 굳게 닫힌 문 너머로 포도나무 덩굴로 덮인 집이 보인다. 언뜻 보면 사람이 살지 않는 오래된 집의 정원처럼 보이는 이곳은 까르멘이 부르던 노래에 등장하는 릴라 파스티아의 술집의 배경이다. 한 잔 두 잔 술잔을 비우면서 점차 빠르고 유혹적인 춤을 추며 즐기던 집시 까르멘과 투우사 에스카밀라가 처음 만나는 장소이기도 하다. 17세기 어느 건축가의 집이었는데 지금은 레스토랑으로 운영되고 있다. 또 쎄비야를 배경으로 한 유명한 오페라 〈돈 주앙〉을 집필하는데 영감이 된 곳이기도 하다. 16세기에는 이곳에 있던 분수를 중심으로 6백여 명의 인구가 생활했다고 하여 싼타크루쓰의 오아시스라고 불리기도 한다.

### 꼬랄 데 아구아 레스토랑
*Restaurante Corral del Agua*

릴라 파스티아의 술집의 배경이었던 곳은 현재도 영업을 하는 안달루시아 전통 레스토랑이다. 특별한 식사를 위해 예약된 손님만 받는 기간이 따로 있는 이곳에서 분위기를 내보는 것도 좋다.
시즌별로 다양한 쌀 요리를 선보이는데 제철 채소와 해산물 등을 이용하여 변화를 준다고 한다. 또 그날의 세 가지 따빠스와 음료가 제공되는 세트 메뉴도 있다. 뻬라스 알 비노 띤또 Peras al vino tinto(와인에 절인 배)가 디저트로 인기가 좋다.

- 주소  Callejón del Agua, 6, 41004 Sevilla
- 전화  +34 954 22 48 41
- 시간  12:00~16:00, 20:00~24:00
  (일요일 휴무, 11월 15일~2월 12일은 예약된 이벤트 식사로만 가능하며 일반 손님은 받지 않는다)
- 예산  30~35유로
- 홈페이지  corraldeagua.es
- 메일  info@corraldelagua.es

## 까르멘을 찾아 떠난 길 3
## "오, 나의 까르멘"
### 쎄비야 투우장: 플라싸 데 또로스

"그대가 날 묶어놓고 놓아주질 않았소 / 그대를 죽인 것은 바로 나요 / 오, 나의 까르멘."
화려한 옷을 입은 까르멘은 호세가 왔다는 경고를 무시한 채 투우사 에스카밀라의 경기를 즐긴다. 하지만 사랑에 눈이 먼 호세가 나타나 까르멘을 찌르고 비극의 사랑은 끝이 난다.
과달끼비르 강을 바라보는 하얀색의 안달루시아에서 가장 오래된 투우장이 있다. 일 년 내내 투우 경기가 있는 것은 아니라 경기를 보지 못하는 경우가 많지만 투우 경기장 내에 투우 박물관이 있으니 아쉬운 대로 방문해볼 만하다.

### 플라싸 데 또로스
*Plaza de Toros*

- **주소** Paseo de Cristóbal Colón, 12, 41001 Sevilla
- **전화** +34 954 22 45 77
- **시간** 일 년에 두 시즌, 투우 경기가 열릴 때만 입장 가능하다. 보통 봄 시즌과 가을 시즌으로 나뉘고 주말에 경기가 있다. 그 외 날에는 투우 박물관만 방문할 수 있다.

### 투우 박물관
*Mueso de Real Maestranza de Caballerí*

투우장 내에 위치한 박물관은 투우사들의 의복부터 예전 투우장의 모습을 보여주는 그림을 볼 수 있다.

- **시간** 11~3월 9:30~19:00  4~10월 9:30~21:00 성금요일(부활절 주간의 금요일), 투우 경기 당일 9:30~15:00 (12월 25일 휴무)
- **입장료** 성인 7유로, 65세 이상과 학생 4유로, 7~11세 3유로, 0~6세 무료 (월요일 15~19시에는 무료 입장)
- **홈페이지** www.realmaestranza.com
* 20분마다 스페인어/영어 가이드 제공

## 플라싸 데 또로스 근처의 이곳!

투우장 가는 길에 그냥 지나치기 아쉬운,
강 빛에 반사되는 탑
### 황금의 탑
*Torre del Oro*

과달끼비르 강가에 홀로 서있는 탑이 있다. 또레 델 오로라고 불리는 이 탑은 이슬람 시대에 감시용으로 지어졌다. 그 후 페르난도 시절 신대륙에서 들어오는 배들을 감시하는 역할로 사용되었다. 무역 물품을 싣고 오가는 선착장의 역할을 겸했을 이곳에 까르멘이 서있었을지도 모른다. 이름은 황금의 탑이지만 건물은 돌로 지어졌다. 쎄비야의 강한 태양빛이 강가에 반사되어 반짝거리는 황금처럼 보인다 하여 황금의 탑이라고 불렸다고 한다. 지금은 박물관 겸 전망대로 사용된다. 전망대에 올라가면 반짝이는 과달끼비르 강과 건너편 뜨리아나 지구가 한눈에 들어온다.

- **주소** Paseo de Cristóbal Colón, s/n, 41001 Sevilla
- **전화** +34 954 22 24 19
- **시간** 9:30~18:45
- **입장료** 3유로 (월요일 무료)

안달루시아 유기농 가게
### 베르데 리몬
*Verde Limón*

안달루시아 지역의 치즈, 올리브오일, 잼, 건과류, 달걀 등의 다양한 유기농 먹거리를 판매한다. '적은 것이 많은 것'이라는 주인장 페르난도의 철학처럼 자연으로부터 얻는 삶을 추구하는 가게다.

- **주소** Calle Pastor y Landero, 8, 41001 Sevilla
  (아레날 시장 11번 입구 방향)
- **시간** 10:30~15:30 (일, 월요일 휴무)

채식주의자를 위한 디저트 가게
### 베가니데센
*Veganitessen*

완벽한 채식주의자도 즐겁게 사먹을 수 있는, 좋은 재료로 천천히 만드는 건강한 디저트를 판매한다. 제철 재료를 사용한 다양한 디저트를 즐길 수 있다.

- **주소** Calle Pastor y Landero, 0, 41001 Sevilla
- **시간** 화~수 10:30~14:30 목~토 12:30~16:30
  (일, 월요일 휴무. 계절에 따라 시간이 변동되므로 미리 확인해야 한다)

# 진실의 순간, 투우 Toros

Theme 3

 쎄비야에 도착해서 제일 처음 한 일은 투우 경기 일정을 확인하는 것이었다. 경기는 일 년 내내 열리는 것이 아니라 봄(3~4월)과 가을(9~10월)에만 열리는데, 지역에 따라 날짜가 조금씩 달라서 그에 맞춰 경기를 보는 것이 생각보다 쉽지 않다. 게다가 투우 경기의 특성상 동물 단체의 항의가 대단하여 스페인 내에서도 찬반이 갈리고 있다 보니, 더 이상 경기가 열리지 않는 지역도 있다. 내가 살던 바르쎌로나에서는 2010년부터 모든 투우 경기가 금지되었고 오래된 투우장을 쇼핑센터로 리모델링하는 추세다.

 투우 경기가 있던 날, 갑자기 비가 쏟아졌다. 과연 경기를 볼 수 있을까 걱정하며 들어선 매표소는 표를 구입하려는 사람들로 인산인해를 이루고 있었다. 예약해둔 티켓을 받아 입구를 찾아가는데 표에 적힌 입구 번호가 보이지 않았다. 경기장으로

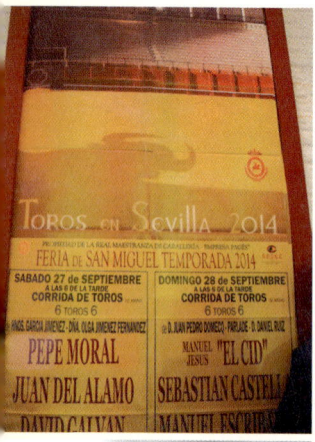

들어가는 마지막 입구라고 생각되는 곳을 지나 어느새 원형의 경기장 밖 거리에 서있게 되었는데, 거짓말처럼 그곳에 투우장으로 들어가는 또 하나의 입구가 있었다. 쎄비야의 투우장은 처음에는 나무로 건축되었다가 지금의 모습으로 확장하는 과정에서 주변에 있던 집들을 품고 현재 경기장의 모습으로 완성되었다고 한다. 그렇게 지어진 투우장은 다른 지역에서는 볼 수 없는 살짝 찌그러진 독특한 원형으로 마무리가 되었다.

가까스로 자리를 찾고 경기가 시작될 즈음 비가 그치고 해가 뜨기 시작했다. 경기장에는 이미 많은 사람들이 자리를 채우고 있었는데 관광객보다는 경기를 진심으로 즐기는 안달루시아의 배 나온 세뇨르 Señor (중년 남자를 높여 부를 때 주로 쓰인다)들이 대부분이었다.

이미 맥주를 손에 들고 껄껄 웃으면서 경기를 기다리는 여유로운 모습의 그들은, 경기가 시작하자 마치 자신들이 투우사가 된 듯한 집중력을 보였다.

투우 경기에서는 가장 마지막 숨을 단창으로 끊어내는 마따도르 matador, 작살을 꽂는 반데리예로 banderillero, 말을 타고 창으로 소를 찌르는 삐까도르 picador, 제일 처음 등장해서 소를 찌르며 흥분시키는 조수 뻬네오 peneo 몇 명이 모여 한 조를 이룬다. 24시간 동안 어둠에 갇혀있던 소는 극도의 흥분 상태로 경기장에 들어오고, 그때 뻬네오들은 붉은 천을 휘두르며 소를 더욱더 흥분시킨다. 사실 소는 색맹이라 붉은 색에 반응하는 것은 아니다. 어둠 속에 갇혀있다 밖으로 나오자마자 앞에서 움직이는 천을 보고 달려드는 것이고, 붉은 천은 관람객들에게 잘 보여주기 위한 일종의 쇼라고 한다.

내 옆에 앉아있던 세뇨르들은 뻬네오들이 달려오는 소를 피해 숨을 때, 반데리예로가 던지는 작살이 튕겨져 나갈 때 여지없이 야유를 보냈고 마따도르의 몸 가까이로 소를 유인하여 마지막 숨을 끊을 때 숨죽여 응원했다. 나의 상상 속 투우 경기는 500~600kg의 소와 홀로 싸우는 투우사의 외롭고도 정열적인 모습이었지만 실제 경기는 여러 사람이 소의 힘을 빼고 마지막에 숨통을 끊는 방식이었다. 수준 높은 경기일수록 경기 마지막에 마따도르와 소의 거리가 가깝다고 한다.

경기의 하이라이트인 마따도르가 소의 숨통을 끊기 직전, 피할 수도 없고 실수해서도 안 되는 죽음을 앞둔 15초 동안의 정적을 스페인 사람들은 '진실한 순간'이라고 말한다. 구경꾼들에게는 가장 흥미로운 그 순간이 소에게는 목숨을 건 마지막 순간인 것이다. 해마다 많은 투우사들이 경기 중에 다치거나 죽기까지 한다. 그럼에도 포기하지 않는 그들이 3천 년의 시간을 지나온 쎄비야의 힘의 원동력이 아닐까 싶다.

### 레알 마에스트란싸 데 카발레리(플라싸 데 또로스)
**Real Maestranza de Caballeri(Plaza de Toros)**

- 주소  Paseo de Cristóbal Colón, 12, 41001 Sevilla
- 전화  +34 954 22 45 77
- 경기일정  4~6월, 9월 (대부분 주말 경기가 많고 해마다 일정이 조금씩 변하니 인터넷을 통해 확인하는 것이 좋다)
- 입장권  25~170유로
- 예매  www.entradas-toros-sevilla.com

### 투우 경기 관람 팁

1. 일정 중에 투우 경기를 볼 수 있다면 미리 표를 예매하는 것이 좋다. 예매는 한 달 전부터 홈페이지를 통해서 가능하며, 쎄비야 시내의 인포메이션 센터에서 직접 구입할 수도 있다. 가장 저렴한 자리는 빨리 매진된다.

2. 경기가 시작하기 전, 바로 경기장에 들어가지 말고 사람들이 많이 모여있는 곳에 가보자. 경기장으로 입장하는 투우사를 눈앞에서 볼 수 있다.

3. 내가 예약한 자리의 입구는 17번 Puerta 17이었는데 투우 경기장 밖으로 나갔다가 다시 들어가야 하는 입구다. 투우장 안의 집을 구경하고 싶다면 17번 문을 찾아보자. 이상한 나라의 앨리스가 발견한 토끼 구멍 같은 문이 나타날 것이다.

4. 세 시간이나 되는 경기를 보려면 앉아있는 의자가 좀 딱딱하게 느껴질 수도 있다. 경기장 안팎 곳곳에서 이 의자 위에 깔고 앉을 수 있는 쿠션을 판매한다. 하지만 기념으로 사는 것이 아니라면 꼭 구입할 필요는 없다고 생각한다. 투우 경기는 보통 세 시간 동안 소 여덟 마리의 경기로 이루어지는데 끝까지 보지 않고 나가는 경우가 많다.

5. 표를 미리 예매하든, 현장 구매를 하든 상관없이 여권을 지참해야 입장할 수 있다.

# 시간의 흐름을 간직한 쎄비야 대성당

Catedral de Sevilla

Theme 4

　　이베리아 반도에서 이슬람 세력이 약해질 무렵 1248년 스페인의 국토 회복운동이 시작되었다. 쎄비야에서도 여러 가지 변화가 나타났는데, 100여 년의 시간을 투자해 당시 이슬람 사원을 쎄비야 대성당으로 탈바꿈시킨 것도 그중 하나다. 현재까지도 쎄비야 대성당은 바티칸의 베드로 성당과 런던의 세인트 폴 교회를 잇는 세계에서 세 번째로 큰 성당으로 꼽히는데, 쎄비야노들의 기준은 조금 다르다. 두 번째로 알려져있는 런던의 세인트 폴 교회는 엄밀히 따지면 가톨릭이 아니니, 쎄비야 대성당이 두 번째로 큰 성당이라고 말한다. 게다가 고딕 양식의 성당 중에는 가장 크니 첫 번째라나.

　　스페인 국토회복운동으로 이슬람 세력을 몰아낸 뒤 다른 도시들처럼

사원을 성당으로 바꾸는 공사가 진행되었다. 기독교 건축에서는 예배당이 동쪽에 위치하기 때문에 공사는 이슬람 사원의 남쪽에 위치했던 예배당을 동쪽으로 옮기는 것부터 시작되었다. 우선 예배당을 옮기는 정도로 진행되던 재건축 과정에서 가톨릭 신자들이 기존에 있던 이슬람 사원의 양식을 훼손하면서 건물의 파손이 심해지자 본격적으로 쎄비야 대성당을 세우기로 결정된다. 훗날 성당의 완공을 보는 사람이 미쳤다고 할 만큼 아름답고 웅장한 성당을 짓기로 했다고. 그렇게 해서 시작된 성당 건축은 재정적인 문제로 공사가 중단되기를 반복하면서 고딕 양식, 신고딕 양식, 바로크 양식이 합쳐진, 시간의 흐름을 그대로 간직한 성당으로 완성되었다. 기존의 이슬람 사원의 형태를 지키면서 지어졌기 때문에 다른 유럽의 성당들과는 다

른 형태를 갖고 있다. 보통 다른 유럽 국가들의 성당은 돌로 지어진 것이 대부분이지만, 쎄비야 대성당은 벽돌로 지어진 부분이 있다. 이것이 바로 이슬람 사원 건축 양식의 흔적이다. 이슬람 사원의 장식이나 건축구조를 남겨놓은 것에 대하여 쎄비야노들은 두 가지 의견을 말한다. 모두 철거하고 다시 짓기엔 재정적으로 여유롭지 않은 상황이었을 것이라는 의견 하나와, 다 허물어버리기엔 이슬람 사원의 건축 양식이 눈부시게 뛰어났기 때문일 것이라는 의견이 다른 하나다. 어느 쪽이든 쎄비야노들은 이슬람 사원의 모습이 남아있는 성당을 사랑하고, 자랑스러워한다. 이제, 시간의 흐름을 간직하고 있는 성당으로 들어가보자.

### 쎄비야 대성당
Catedral de Sevilla

- **주소** Avenida de la Constitución, s/n, 41004 Sevilla
- **전화** +34 902 09 96 92
- **시간** 월 11:00~15:30(16:30~18:00 가이드 투어 예약자만 입장 가능, 영어 · 스페인어)
  화~토 11:00~17:00 일 14:30~18:00
- **입장료** 성인 9유로, 25세 미만 학생 4유로
- **홈페이지** www.catedraldesevilla.es
- **이메일** reservas@catedraldesevilla.es

**★ 월요일 오후 가이드투어 예약방법**
  전화, 이메일, 홈페이지
• 예약 시 이름과 성을 여권과 동일하게 기록해야 하고 방문 시 여권을 지참해야 한다.
• 최소 일주일 전에 예약해야 하며 한 번에 5명 이상의 예약은 받지 않는다.
• 최대 입장 가능 인원: 50명
• 일요일 오전 미사 참석이 가능한데 성당 내부 전체를 볼 수는 없다.
• 매해 계절별로 입장 시간이 변동되므로 미리 확인하고 가는 것이 좋다.

## 쎄비야 대성당 탐험

**A 뿌에르따**(입구, 문)
*Puerta*

성당에는 열 개의 문이 있다. 그중 서쪽 꼰스띠뚜씨온 거리Avenida de la Constitución에 위치한 세 개의 문이 성당의 가장 오래된 문이다. 특히 바우띠스모 문Puerta del Bautismo과 나씨미엔토 문Puerta del Nacimiento은 성당을 재건축하면서 돌로 짓기 시작할 때 처음으로 세워졌다.
현재 출입구로 사용되고 있는 것은 프린시페Puerta del Príncipe 또는 싼 끄리스토발de San Cristóbal이라고 불리는 문으로 남쪽 뜨리운포 광장Plaza del Triunfo에 위치한다.

가장 흥미로운 문은 출구로 사용되는 오렌지 정원을 향해 있는 뻬드론 문Puerta del Perdon이다. 코란어가 빼곡히 써있는 이 문은 사실 이슬람 사원의 정문이었다고 한다. 같이 있던 쎄비야 대학생은 (그는 기본적으로 기독교가 이슬람 사원을 훼손한 것에 대해 반감을 갖고 있었다) 아마도 저 코란을 해석할 수 없어서 예술 작품으로만 인식하고 내버려뒀을 거라며 성당의 모든 문 중에 가장 아름답다고 생각한다고 말했다.

> 일요일 미사에 참여하고 싶다면 서쪽 꼰스띠뚜씨온 거리Avenida de la Constitución 쪽 성당의 중앙에 위치한 문, 아쑨씨온 문Puerta de la Asuncion으로 입장한다.

### B 하늘의 라가르또(도마뱀)
*Lagarto*

오렌지 정원으로 들어가기 바로 전, 성당의 천장에 나무조각에 가죽을 씌운 도마뱀이 매달려있다. 마치 하늘을 향해 날아가는 듯한 거대한 도마뱀은 쎄비야 대성당의 주요 볼거리 중 하나다.

예로부터 전해지는 이야기에 따르면 1260년 경 이집트의 술탄이 알폰소 10세 왕에게 정치·경제적 교류를 요청하며 나일강의 코끼리 상아, 살아있는 도마뱀과 기린 등을 보냈다고 한다. 하지만 기독교 국가였던 쎄비야는 이집트의 요청을 정중하게 거절했고, 다만 도마뱀과 기린은 알카사르 왕궁에서 잘 키웠다고 한다. 도마뱀이 죽고 난 후에는 실제 크기와 비슷한 나무조각에 가죽을 입혀 박제했고, 지금까지 보존되어있다. 그래서 이 도마뱀은 종교를 뛰어넘는 두 나라의 신중함, 정의, 불굴의 의지와 절제를 상징한다고 한다. 3천 년의 시간 동안 다양한 문화 속에 공존하며 살아가는 쎄비야노들과 닮은 라가르토는 오늘도 여전히 하늘을 향해 날아가는 듯하다.

### C 나의 아름다운 오렌지 정원
*Patio de Naranja*

이슬람 사원의 상징이기도 한 오렌지 정원은 예배당으로 들어가기 전 손과 발을 닦는 장소였다. 지금은 출구가 된 꼰쎕씨온 문<sup>Puerta de Concepción</sup>으로 들어와 오렌지 정원에서 몸과 마음을 깨끗하게 한 뒤 예배당으로 입장하는 순서였던 것이다. 약 60여 그루의 오렌지 나무가 심어져있는 이곳에는 한겨울에도 주황빛 오렌지가 주렁주렁 달려있다. 아프리카에 가까운 지리적 위치로 쎄비야는 한겨울에도 기온이 10℃ 아래로 떨어지지 않는다. 때문에 겨울 여행을 계획하고 있다 해도 별로 문제가 되지 않을 것이다. 아쉽게도 9월 중순에 이곳을 찾았던 나는 아직 다 익지 않은 초록색 오렌지만 실컷 구경했다.

### D 하루 다섯 번의 노래, 히랄다 탑
*La Giralda*

이슬람 사원에서는 하루에 다섯 번 노래가 나온다. 탑의 이름인 히랄다Giralda는 '돌다, 바람개비' 등의 뜻에서 유래된 단어로 사람이 말을 타고 탑에 올라가 하루에 다섯 번 기도 시간을 알리는 노래를 불렀다고 한다. 탑 내부가 계단식이 아닌 완만한 경사로인 이유도 말을 타고 올라가기 위함이라고 한다. 하긴 에펠탑이 등장하기 전인 19세기까지 유럽에서 가장 높은 탑이었던 히랄다 탑을 사람이 하루 다섯 번이나 걸어 올라갔다면 숨이 차서 노래가 나왔을 리가 없을 듯하다. 올라가다 보면 중간중간에 전시품이 놓여있는 공간이 있는데 예전에는 말이 올라가다가 물도 마시고 쉬던 공간으로 사용했다고 한다.

히랄다 탑은 성당으로 재건축되기 전 이슬람 시대에는 히랄디요Giraldillo라고 불렸다. 히랄다라고 바꿔 불린 것은 가톨릭 시대부터인데, 그 이유가 흥미롭다. 스페인어에는 남성명사와 여성명사가 있는데, 남성명사는 대부분 'o'로 끝나고 여성명사는 'a'로 끝난다. 이슬람 문화는 남성 문화가 강하기 때문에 남성명사인 히랄디요Giraldillo로 부르다가 가톨릭의 중요한 인물인 성모마리아가 여성이어서 여성명사인 히랄다Giralda로 바꾸어 부르게 되었다고 한다.

**VIEW POINT**
히랄다 탑 정상에서 바라보면 쎄비야 성당의 다양한 건축양식을 한눈에 볼 수 있다. 또 과달끼비르 강 바람을 느끼며 쎄비야 시내의 집들을 구경하는 것도 좋다.

### E 신대륙의 발견, 콜럼버스가 잠들다
*Los Restos de Cristóbal Colón*

성당의 안쪽으로 들어가면 남쪽 문 근처에 옛 스페인 왕국이었던 레온, 카스티야, 아라곤, 나바라를 상징하는 네 조각상이 관을 들고 있다. 쎄비야 이야기에서 빼놓을 수 없는 신대륙의 발견자, 콜럼버스의 유해다. 콜럼버스는 자신의 항해를 지원해주지 않고 무시했던 스페인 땅에 묻히고 싶어하지 않았기 때문에 네 명의 왕들이 관을 들고 서있다는 이야기도 내려오는데, 자세히 보면 앞쪽 두 명의 왕과 뒤쪽 두 명의 왕의 표정이 다르다. 뒤쪽 두 명의 왕은 콜럼버스에게 지원하는 것을 반대했던 왕들로, 얼굴을 들 수 없어서 고개를 숙인 모습이라고 한다. 종교적 분쟁과 정권의 변화로 경제적으로 매우 어려운 시기를 보내던 쎄비야는 신대륙 발견으로 엄청난 부를 축적할 수 있었고 성당 안의 화려한 금장식들은 그 결과물이라고 볼 수 있다.

### F 비블리오떼카 (도서관)
*Biblioteca*

신대륙 발견 당시의 자료 원본을 보관하고 있다. 고대 인디아의 원서부터 쎄비야노들의 역사까지 볼 수 있다.

### G 무너진 이슬람 왕국

성당 곳곳에는 이슬람 시대가 끝나고 가톨릭 국가로 바뀜을 알리는 흔적들이 남아있다. 성모마리아가 이슬람의 상징인 초승달을 짓밟고 서있는 조각상이나 스페인의 왕이 이슬람의 과일인 석류를 칼로 찌르고 있는 조각상을 찾아보자.

### H 붉은 노을과 붉은 글씨

트램이 지나가는 길목에 있는 쎄비야 대성당의 외벽에는 알 수 없는 붉은 글씨들이 새겨져 있다. 언뜻 보면 피로 보이는 이 글씨들은 16~17세기 고된 학업을 끝낸 박사들이 투우소의 피와 올리브오일, 문신할 때 쓰는 염료를 섞어 자신의 이름이나 승리를 기록한 것이다. 쎄비야의 성당 외에도 스페인의 성당이나 대학교 외벽에서 이런 스타일의 글씨를 볼 수 있는데 현재는 법적으로 금지하고 있다. 하지만 한 군데, 아직도 글씨를 새기고 있는 지역이 있는데 대학의 도시 쌀라망카라고 한다.

**쎄비야 대성당 근처의 이곳!**

지나치기 아쉬운 아메리카 식민지 역사의 기록
## 인디아 문서 보관소
*Archivo de Indias*

1790년부터 아메리카 식민지 과정의 모든 역사와 자료가 원본으로 보관되어있다. 콜럼버스의 원본 일기와 신대륙 발견 당시의 그림 지도도 볼 수 있다.

- **주소** Avenida de la Constitución, s/n, 41004 Sevilla
- **전화** +34 954 50 05 28
- **시간** 월~토 9:30~16:45 일·공휴일 10:00~13:45
- **입장료** 무료

# 소녀의 정원,
# 알카사르 왕궁

Theme 5

혹시 무데하르Mudéjar라는 단어를 들어본 적이 있는지. 안달루시아의 역사를 담고 있는 이 단어는 이슬람 시대가 끝나고 기독교가 안달루시아를 지배할 때 남아있던 무슬림들이 기독교의 통치 아래 제한적으로 자신들의 삶을 살아가던 방식을 뜻한다. 그들은 이슬람과 기독교 문화 사이에서 높은 수준의 예술적 감각을 키워나갔는데 쎄비야의 알카사르 왕궁이 바로 안달루시아에서만 볼 수 있는, 일명 무데하르 양식의 대표적인 건축물이다.

미국 드라마 〈왕좌의 게임〉 촬영지로도 유명한 이곳은 이슬람 시대에 스페인군에 대항하기 위하여 만들어진, 7왕궁을 보호하는 요새였다가 14세기 스페인 국토회복운동 시기에 페르난도 왕에 의해 새롭게 지어진 왕궁이다. 그때부터 지금까지 알카사르 왕궁은 스페인 국왕 일가의 쎄비야 왕궁으로 사용되고 있다. 국왕 일가가 쎄

비야를 방문했을 때 묵는 곳으로, 이때는 왕가의 국기가 걸린다.

그라나다의 알람브라 왕궁과 비슷해서 자매궁이라고도 불리지만 쎄비야의 알카사르는 아기자기한 아름다움이 있고 그라나다의 알람브라는 웅장한 화려함을 자랑한다.

겉에서만 보면 그저 잘 지어진 건축물이겠지 싶은데, 안으로 들어가면 잘 다듬어진 정원이 선물처럼 나타난다. 북적거리는 거리를 피해 여유롭게 걷고 싶은 날, 멋내기를 좋아하는 쎄비야노처럼 잘 차려입고 거닐어보자. 왕처럼, 혹은 왕비처럼.

### 알카사르 왕궁
Real Alcázar

- 주소  Patio de Banderas, s/n, 41004 Sevilla
- 전화  +34 954 50 23 24
- 시간  10~3월 9:30~17:00
  4~9월 9:30~19:00 (1월 1일, 1월 6일, 쎄마나싼타 기간의 성금요일, 12월25일 휴무)
- 입장료  성인 9.5유로, 25세 미만 학생 2유로(폐장 1시간 전부터 무료 입장)
- 홈페이지  www.alcazarsevilla.org

• 야간 개장

3월부터 10월까지는 금요일과 토요일에 야간 개장 프로그램을 운영한다. 인터넷을 통한 예약제로 하루 4회 운영된다. 회당 관람 시간은 75분, 최대 입장 가능한 인원은 45명이다. 표가 남았을 경우 당일에 현장 매표소에서도 구매할 수 있지만, 대부분 아주 빨리 매진되므로 서둘러 예약하는 것이 좋다.

• 시간  3월, 10월 19:30, 20:00, 20:30, 21:00  4~9월 21:00, 21:30, 22:00, 22:30
(1월 1일, 1월 5~6일, 쎄마나싼타 기간의 성금요일, 12월 24~25일, 12월 31일 휴무)
• 입장료  13유로 (8세 미만 아동 입장 불가)
• 예약  oberonsaas.com/realalcazarsevilla(왕궁 홈페이지에서도 가능)

# 알카사르 왕궁 탐험

**A** 왕궁으로 들어가는 문
*사자의 문*
*Puerta del Leon*

레고로 만든 성곽 같은 입구는 사자의 문이라고 불린다. 붉은 기운의 입구라서 예전에는 사냥의 문이라고 불렀다고 한다. 과달끼비르 강 건너 뜨리아나 지구의 타일을 사용했다.

**B** 위압감을 주는
*몬떼리아 빠띠오*
*Patio de la Monteria*

스페인의 대표적인 건축양식인 빠띠오Patio(중정)는 건물의 가운데에 위치하는, 건물이 둘러싸고 있는 빈 공간을 말한다. 뜨거운 태양을 피해 그늘을 만들어주는 빠띠오는 서민들의 삶에서 빠질 수 없는 휴식과 여유로움의 장소다. 그런 빠띠오가 왕궁으로 들어오니 사방의 크고 화려한 건물로 둘러싸여 이곳에서 왕을 기다리면 절로 주눅들 것 같은 느낌으로 변하다니 아이러니하다. 콜럼버스가 신대륙 발견을 위한 경비를 약속받기 위해 왕을 알현했던 장소라고 하는데, 그곳에 서있었던 그의 심경이 어땠을지 새삼 궁금해진다.

**ⓒ** 왕이 각국의 대사들을 맞이하던 곳
### 대사관의 살롱
*Salón de Embajadores*

화려한 벽을 따라 들어가다 문득 위를 올려다 보면 금빛 별이 반짝이는 지구 안에 서있는 나를 발견하게 된다. 각국의 대사들에게 왕궁의 건재함을 과시하기 위해 더욱더 화려하게 만들었다는 이곳은 공식 접견실로 사용되었다.

### D 왕의 발걸음을 따라
## 돈 뻬드로 궁전
### *de Pedro I*

알카사르의 중심에 위치한 말 그대로의 왕궁, 돈 뻬드로 궁전은 무데하르 양식으로 지어진 대표 건축물로 무데하르 궁전<sup>Palacio mudéjar</sup>이라고도 불린다. 건물의 외벽은 이슬람 양식의 기하학적 조각으로 화려하게 수놓여있고, 안으로 들어가면 좁은 통로를 따라 왕과 가족들의 처소, 알현실 등이 나온다. 거대한 출입문에 비해 막상 들어가면 작은 통로를 따라 움직여야 되는데 왕을 적으로부터 보호하기 위함이었다고 한다. 궁전은 가운데 정원을 중심으로 이루어져서 어느 곳에서나 정원을 감상할 수 있다. 이슬람 양식의 건축물에서는 크고 작은 분수를 많이 볼 수 있는데, 물이 주는 깨끗함과 신령함으로 몸과 마음이 깨끗해진다고 믿었기 때문이다.

### E 작고 아기자기한
### 소녀의 정원
*Jardines*

알카사르의 안쪽으로 계속 걷다 보면 건물 끝으로 넓은 정원이 나온다. 알람브라의 정원에 비하면 작고 아기자기하지만 시원하게 쏟아지는 분수 사이로 보이는 야자나무와 오렌지 나무들은 스페인의 남쪽에 와있다는 것을 실감하게 한다. 정원의 시작 부분에 있는 까페떼리아에서 커피 한잔과 함께 조용한 음악을 들으면서 잠깐 쉬어가는 것은 어떨까.

### F 19세기를 잇는 출구
### 석고의 뜰

알카사르의 출구 쪽에는 19세기에 지어진 석고의 뜰이라는 건물이 있다. 널찍한 내부에는 기념품점과 사무실 등이 있는데 큰 통로와 아치형의 기둥들로 이어져있다. 출구를 따라 서 있는 건물도 19세기에 지어진 것으로 자연스럽게 알카사르와 이어진다.

**DAY 2**

# Sevilla

쎄비야 2

## 그들이 사는 세상, 맛있는 쎄비야

늦은 점심을 먹고 숙소에서 씨에스타를 즐기다가 7시쯤 슬슬 거리에 나왔다. 분수대 근처에 앉아 사람 구경을 하고 있는데 J가 다가와서 말을 건넸다.

뭐해? / 사람 구경. / 사람 구경이 재밌어? / 응. 표정이 다 다르잖아. 그래서 재밌어. / 여기서 네 얼굴이 제일 다르게 생겼어. / 그렇겠지. 난 동양인이니깐. / 밥은 먹었어? / 아니, 이제 가야지. / 나 친구들이랑 놀러 나가는데 너도 갈래? / 고맙지만 난 조금 있다가 플라멩코 공연을 봐야 해. / 아, 그래. 내 이름은 훌리오야. 난 책을 만들어. / 내 이름은 에운이고, 그래픽디자이너야. / 만나서 반가웠어. 이따 심심하면 곧바로 와. 우리 거기서 놀고 있을 거야. / 그래. 만나서 반가웠어. / 이따 봐.

자기 소개로 마무리되는, 뭔가 순서가 뒤바뀐 것 같은 이런 대화는 이후에도 종종 나타났다. 모르는 사람과도 마치 알던 사람인 것처럼 이야기를 나누는 갸우뚱한 상황이 장소를 옮겨서도 반복되다 보니 어느새 자연스럽게 받아들여졌다.

하긴 8시부터 시작해서 자정이 넘도록 끝나지 않는 스페인의 저녁 식사 문화만 봐도 그들이 얼마나 사람 좋아하고 말하기를 좋아하는지 짐작할 수 있으니 별로 이상할 일도 아니긴 하다. 쎄비야에서 사람들과 자연스럽게 섞일 수 있었기 때문인지 그곳에서 살다 온 느낌이 들 정도다. 아마 밤마다 여기저기 바를 돌아다니면서 따빠스를 즐기며 사람들과 어울렸기 때문일 것이다.

게다가 쎄비야노들은 안달루시아 지방에서 가장 패션에 관심이 많은 사람들이라 유난히 멋쟁이들이 많다. 맛있는 따빠스를 먹으면서 사람 구경하기에 이보다 더 좋을 수가 없다. 잘 차려입고 유쾌하게 웃으며 인사를 건네는 쎄비야노가 당신의 눈앞에 있다면 망설이지 말고 그들의 세계에 자연스럽게 들어가보자. 아무렇지 않게 대화를 하고 언제 볼지도 모르면서 마치 내일 또 볼 것처럼 인사도 하면서 말이다.

# 맛있는 시간, 따뻬오 Tapeo

Theme 1

바모스 아 쌀리르Vamos a salir! 쌀리모스Salimos? 따뻬아모스Tapeamos! 바모스 아 따뻬아르Vamos a tapear! 바모스Vamos! 등 "밖에 나가서 한잔할까"의 표현이 차고 넘치는 스페인어. 그중에도 안달루시아 지방에서 쓰이는 지역 언어, 따뻬오Tapeo가 있다. 스페인의 음식 문화에서 따빠스Tapas를 빼놓을 수는 없다. 따빠스는 따빠르Tapar(음식 뚜껑 등을 덮다)라는 동사에서 유래된 말로 작은 접시에 핑거푸드 같은 음식을 담아 놓은 것을 말한다. 한여름의 더운 날씨에 잔에 따라 놓은 상그리아나 맥주에 날파리가 하도 빠져대는 바람에 치즈나 빵 등의 조각으로 잔을 덮어둔 것에서 시작되었다고 한다. 지금은 점점 화려하게 변하고 있는 따빠스 문화이지만, 사람들의 작은 지혜에서 시작된 음식 문화였던 것이다. 이러한 따빠스 문화를 안달루시아에서는 따뻬오라는 이름으로 발전시키고 있다.

안달루시아 지역에 있는 대부분의 가게에서는 음료 한잔에 간단한 따빠스를 제공해주는데, 몇 군데 돌아다니다 보면 식사로도 충분한 양이 된다. 하지만 스페인의 모든 지역이 그렇지는 않다는 사실, 특히 바르쎌로나에서는 서비스 따빠스를 절대 기대하지 말자.

# 바모스 아 따뻬아르! 1
## "따빠스 즐기기"

---

뜨거운 태양을 피해 숙소로 돌아가서 잠시 씨에스타를 즐기고 나면 어느덧 쎄비야 대성당의 조명이 켜지고 오렌지 나무 사이사이 가로등에 불빛이 들어온다. 한산했던 골목마다 사람들이 나오고 거리의 바는 시끌벅적해진다. 쎄비야 대성당의 뒤쪽으로 걸어가다 보면 싼타크루쓰 지구 Barrio Santa Cruz가 나온다. 흰 벽과 미로 같은 골목길 사이로 인사하듯 나타나는 작은 정원과 분수가 매력적인 이곳은 옛 유대인 지구다. 내가 머문 쎄비야 숙소의 주인인 발레리아가 말하길 싼타크루쓰 지구에서 지도는 무용지물이란다. 어차피 지도를 봐도 내가 어디쯤 있는지 알 수도 없고 지도를 보며 길을 찾으려고 할수록 미로처럼 빙글빙글 돌고 있는 자신을 발견하게 될 것이라며 그냥 골목을 따라, 사람들을 따라 걸어보라고 말했다.

그녀의 조언대로 사람들을 따라 골목 사이를 무작정 걷다 보니 오래된 건물 1층에 사람들로 가득 찬 바가 보였다. 보데가 싼타크루쓰라고 써있는 바의 바깥에 대충 놓인 테이블에는 이미 맥주잔을 들고 서서 즐기는 사람들이 가득했다. 안쪽을 보니 다행히 바 테이블에 한 자리가 있다. 잽싸게 들어가서 맥주 한 잔을 주문했다. 하얀 분필로 내가 앉은 테이블 위에 주문한 내용을 쓱쓱 적는다. 따빠스를 추천해달라고 하니 수다쟁이 쎄비야노는 취향을 탐색하는 질문을 시작했다. 빠르게 이것저것 물어보는 말에 얼떨결에 대답을 하고 받은 메뉴는 베렌헤나스 꼰 미엘, 꿀소스가 잔뜩 뿌려진 가지튀김이다. 감자칩처럼 얇게 썬 가지를 바삭하게 튀겨서 꿀소스를 뿌린 뒤 수북하게 갖고 오니 맥주 한 잔과 먹기에는 많은 양이다. 혼자 있는 나를 보고 어디서 왔냐고 묻길래 한국에서 왔다고 하니 주변에 있던 한 사람이 "안녕?" 하고 인사한다. 옆자리에 앉은 쎄비야노들과 이런저런 농담을 하며 맥주를 마시다 보니 어느새 나는 혼자가 아니었다.

따뻬오 Tapeo를 다양하게 즐기려면 한 가게에서 맥주 한 잔과 따빠스 한 접시 정도만 주문해야 여러 곳을 다닐 수 있다. 생각보다 따빠스의 양이 많기 때문에 금방 배가 불러질 것이다.

## 쎄비야의 대표적인 따빠스 맛집

---

시끌벅적한 쎄비야노들과 한잔,
현지인들이 더 많은 쎄비야 대표 따빠스집!
### 보데가 싼타크루쓰
*Bodega Santa Cruz*

싼타크루쓰 지구의 미로 같은 골목길 한구석에 나타나는 왁자지껄한 바. 현지인들에게 인정받은 따빠스집이니 꼭 한번 들러볼 만하다.

- 주소  Calle de Rodrigo Caro, 1A, 41004 Sevilla
- 시간  11:30~24:00
- 예산  따빠스 2~3유로, 생맥주 2유로
- 추천 따빠스
  - 베렌헤나스 꼰 미엘 Berenjenas con Miel
    (꿀소스 가지튀김)
  - 보께로네스 프리또 Boquerones Frito (멸치튀김)
  - 또르띠야 데 빠따따 Tortilla de Patata
    (스페니시 감자 오믈렛)
  - 빠따따 브라바 Patata Brava
    (매콤한 브라바소스 감자튀김)

공간이 넓어서 여럿이 가도 좋은
### 라 보데가
*La Bodega*

안달루시아 여행을 하다 보면 길을 헤매는 것을 자연스럽게 받아들이게 된다. 라 보데가는 작은 골목이 미로처럼 이어지는 쎄비야의 여기저기를 헤매다가 발견한 바였다. 더위를 식힐 겸 맥주 한잔하러 들어간 바는 나처럼 더위를 피해 들어온 사람들로 북적이고 있었다. 스페인에 있는 대부분의 음식점은 점심과 저녁 시간 사이에 문을 닫기 때문에 식사 시간을 놓치면 밥 먹을 곳을 찾기가 어렵다. 하지만 이 브레이크 타임에 문을 연 가게들을 잘 찾아보면 라 보데가처럼 간단한 따빠스와 음료 정도를 제공하는 곳들이 있다. 오늘의 따빠스는 무엇이냐고 물어보니 콩으로 만든 스튜라고 했다. 기운이 날 거라며 추천해서 맥주와 함께 주문했다. 빵과 함께 먹으니 제법 든든했다.

- 주소  Calle Alfalfa, 4, 41003 Sevilla
- 시간  월~목 12:30~16:00, 20:00~24:00 금~일 12:30~24:00
- 예산  따빠스 2~3유로
- 추천 따빠스  기소 델 디아 Guiso del Día (따뜻한 콩 스튜)

빠에야를 따빠스로 먹을 수 있는
## 바 알팔파
*Bar Alfalfa*

라 보데가 바로 앞 코너에 있는, 라 보데가의 반의 반도 안 되는 크기의 바는 이미 사람들로 가득했다. 사람들이 줄 서있으면 왠지 궁금해져서 따라 줄을 서는 심리 같은 것이었을까? 기대하지 않고 들어간 캐주얼한 바는 빠에야를 따빠스로 팔고 있었는데, 주머니 사정이 좋지 않은 쎄비야의 대학생들이 자주 찾는 곳이라고 한다. 빠에야는 2인분으로 파는 곳이 많아서 혼자 여행 중일 때 1인분짜리 빠에야를 찾기가 어렵다. 그럴 때 들러보는 것도 좋겠다.

- **주소** Calle Candilejo, 1, 41004 Sevilla
- **시간** 9:00~24:00
- **예산** 따빠스 2~3유로, 띤또 데 베라노Tinto de Verano (상그리아와 비슷하지만 조금 더 가볍게 만든 것으로 여름철에 인기 있는 와인) 1.30유로
- **추천 따빠스** 따빠스로 먹는 빠에야

고급화한 따빠스와 와인 한잔,
차분하게 즐기는 따빠스 레스토랑
## 알바라마
*Albarama*

분위기 좋은 빠띠오에서 세련된 따빠스를 즐길 수 있는 곳으로 가족이나 연인들이 많이 찾는다. 전통 따빠스 집에 비해 퓨전화된 메뉴가 특징이다.

- **주소** Plaza de San Francisco, 5, 41004 Sevilla
- **전화** +34 954 22 97 84
- **시간** 13:00~16:15, 20:15~23:45
- **예산** 따빠스 4~8유로, 빠에야 11유로, 하우스와인 1잔 3유로
- **추천 따빠스** 한 사람당 세 가지 정도의 따빠스를 주문하면 양이 알맞다.
  - 뽈뽀 빠리야Pulpo Parilla (문어와 구운 채소)
  - 치피론 크루히엔떼Chipiron Crujiente (먹물빠에야를 작은 갑오징어에 넣어 튀긴 따빠스)
  - 아뚠 엔 까미사Atun en Camisa (겉만 살짝 익힌 참치 따빠스)
- **홈페이지** www.restaurantealbarama.com
- **메일** reservas@restaurantealbarama.com

예약은 필수, 좋은 재료로 만든 다양한
따빠스를 즐길 수 있는 레스토랑
## 비네리아 산 뗄모
*Vinería San Telmo*

저녁 예약을 하러 6시쯤 도착했더니 벌써 예약이 다 찼다고 한다. 혼자라면 10시에 예약된 자리가 하나 있는데 시간을 맞춰줄 수 있냐고 하기에 흔쾌히 9시 반쯤 나가겠다고 말하고 겨우 자리를 잡았다. 종류도 다양한 데다가 아름다운 플레이팅으로 이곳을 찾은 손님들의 탄성을 자아낸다. 가게 차광막으로 간판이 잘 보이지 않으니 노란 외벽의 작은 가게를 잘 찾아보자.

- **주소** Paseo de Catalina de Ribera, 4, 41004 Sevilla
- **전화** +34 954 41 06 00
- **시간** 13:00~16:30, 20:00~24:00
- **예산** 따빠스 3~6유로, ½ 접시 9~12유로, 띤또 데 베라노 1.60유로, 생맥주 1.50유로
- **추천 따빠스**
  - 비프 데 떼르네라 아르헨띠나 꼰 살사 데 모쓰따싸 Bife de Ternera Argentina con Salsa de Mostaza (아르헨띠나의 등급 높은 스테이크와 겨자소스의 만남)
  - 랑고스띠노스 프리또스 꼰 빤꼬 Langostinos Fritos con Panko (바삭한 새우튀김)
  - 마그렛 데 빠또 이 유까 프리따 Magret de Pato y Yuca Frita (오리가슴살과 까사바(마, 고구마 종류의 덩이뿌리) 튀김)
  - 에스파게띠아 아 라 띤따 데 세피아 꼰 비에이라 Espaguetis a la Tinta de Sepia con Vieira (오징어먹물 스파게티와 가리비)
- **홈페이지** vineriasantelmo.com
- **메일** info@vineriasantelmo.com

빈틈없이 달려있는 액자와 하몽,
좋은 하몽을 즐길 수 있는 작은 바
### 라스 떼레사스
*Las Teresas*

전통적인 인테리어의 바로 벽의 빈틈이 보이지 않을 정도로 액자가 걸려있고 천장에는 하몽이 통째로 매달려있다. 식사보다는 간단하게 하몽 한 조각과 와인이나 맥주를 즐기고 나가기에 좋다.

- 주소 Calle Santa Teresa, 2, 41004 Sevilla
- 전화 +34 954 21 30 69
- 시간 월~금 10:00~24:00 토~일 12:00~24:00
- 예산 따빠스 2~4유로, 생맥주 1.40유로
- 추천 따빠스
  - 하몽 이베리까 베요따 Jamón Iberica Bellota (도토리를 먹고 자란 최고 등급 하몽 베요따)
  - 솔로미요 위스키 Solomillo Whisky (위스키를 넣어 구운 돼지 등심스테이크)
- 홈페이지 lasteresas.es
- 메일 lasteresas@lasteresas.es

할아버지 원조 셰리 양조장,
쎄비야의 오렌지로 만든 와인을 맛보다
### 라 따베르나 델 곤고라
*La Taberna del Góngora*

1920년에 문을 연 오래된 바로 언제나 사람들이 북적인다. 대부분 셰리주나 쎄비야의 오렌지 와인을 즐기며 튀김 따빠스도 인기메뉴이다.

- 주소 Calle Gral. Polavieja, 15, 41004 Sevilla
- 전화 +34 954 22 11 19
- 시간 월~금 9:30~23:30 토~일 11:00~23:30
- 예산 따빠스 2~4유로, 셰리 1잔 3유로
- 추천 따빠스
  - 비노 데 나랑하 Vino de Naranja (쎄비야의 오렌지로 만든 와인)
  - 만싸니야 Manzanilla (역사가 깊은 맑고 깨끗한 셰리주)
- 홈페이지 www.bodegagongora.com

## 따빠스가 싫증날 땐, 달콤한 디저트를!

### 1 할머니들의 새치기를 이겨내야만 먹을 수 있는 디저트 가게

## 라 깜빠나
*La Campana*

1885년에 문을 연 오래된 디저트 가게는 언제나 사람들로 북적인다. 문을 열고 들어가면 종업원이 빠른 스페인어로 주문을 받는데, 나이가 지긋한 어르신들부터 수업을 마치고 집으로 돌아가는 길에 간식을 사러 온 어린 학생까지 다양한 손님들이 드나든다. 눈치껏 줄을 서있다가 차례가 되면 주문을 해야 하는데 빠른 말과 행동으로 순서를 가로채는 할머니들 사이에서 가만히 있으면 끝까지 당신의 차례는 오지 않을 것이다.

- **주소** Calle Sierpes, 1, 41004 Sevilla
- **전화** +34 954 22 35 70
- **시간** 8:00~22:00
- **예산** 뜨루파 1.90유로, 젤라또 3.20유로, 까냐 초코라떼 2.50유로
- **추천 디저트** 뜨루파Trufa(생 초콜릿), 젤라또, 까냐 초코라떼Caña Chocolate(막대 모양의 페이스트리류, 안달루시아 정통 디저트 빵)

### ③ 안달루시아 전통 과자 가게
## 이네스 로살레스
*Tienda Inés Rosales*

1910년에 문을 연 이곳에서는 친절한 주인이 이것저것 권해주는 것만 맛봐도 기분이 좋아진다. 이네스 로살레스의 또르따 데 아쎄이떼 Torta de Aceite(안달루시아 전통 디저트빵으로 밀가루 반죽을 얇게 펴서 올리브오일에 굽는다)는 쎄비야의 상징이라고 할 만큼 자부심이 높다. 오랜 시간 동안 정성을 다해 만드는데 꿀이나 올리브오일 등의 식료품도 판매한다. 곤고라 바에서 만든 쎄비야만의 오렌지 와인 Vino de Naranja도 판매한다.

- **주소** Plaza de San Francisco, 15, 41004 Sevilla
- **전화** +34 954 22 72 81
- **시간** 10:00~21:00
- **예산** 또르따 데 아쎄이떼 한 팩 2.50유로, 오렌지 와인 7.25유로
- **추천 제품** 또르따 데 아쎄이떼, 곤고라 오렌지 와인

### ② 차분하게 앉아서 즐기는 디저트 가게
## 오초아
*Ochoa*

1910년에 문을 연 이곳에서는 쾌적하고 널찍한 공간에서 여유롭게 디저트와 차를 즐길 수 있다. 검은색의 유니폼을 갖춰 입은 종업원들의 서비스도 친절하다. 학교를 마치고 나온 아이들의 손을 잡고 삼삼오오 수다를 떠는 스페인 엄마들이 많이 모이는 곳이다.

- **주소** Calle Sierpes, 45, 41004 Sevilla
- **전화** +34 954 22 82 23
- **시간** 10:00~21:00
- **예산** 라쏘스 2.05유로, 커피 1.60유로
- **추천 디저트** 라쏘스 Lazos(리본모양의 안달루시아 전통 디저트 빵, 많이 달다)와 커피

# 바모스 아 따뻬아르! 2
## "따빠스 만들기"

가끔은 음식만큼 그리운 것도 없다. 당장 스페인에 갈 수도 없고, 스페인 음식점도 너무 멀리 있을 때, 집에서 도전해보자. 두 가지의 간단한 따빠스 레시피를 소개한다.

## 집에서도 쉽게 만드는 따빠스 두 가지

### 꿀소스 가지튀김
*Berenjenas con Miel*

**재료** 가지 1개, 전분 가루 70g, 밀가루 70g, 맥주·식용유 적당량, 꿀, 파슬리(또는 로즈메리)·아몬드(또는 땅콩) 약간

1. 가지를 얇게 썰고 맥주에 30분 정도 담가 놓는다.
2. 볼에 전분 가루와 밀가루를 섞고 파슬리나 로즈메리를 넣는다.
3. 담가놓았던 가지를 체로 건져서 2에 넣어 가루를 묻힌다.
4. 바삭하게 튀긴다.
5. 꿀에 아몬드나 땅콩을 갈아서 잘 섞는다.
6. 잘 튀겨진 가지를 꿀소스에 찍어 맛있게 먹는다.

## 스페니시 감자 오믈렛
*Tortilla de Patata*

**재료**(16~18cm 팬 한 개 분량)
감자 1개, 양파 ¼개, 달걀 5개, 새우살 적당량, 올리브오일·마늘·소금 약간

1. 감자를 얇게 저민 후 소금물에 담가 전분기를 뺀다.
2. 양파를 다져서 소금물에 담가놓는다.
3. 끓는 물에 감자를 데친 후 건져놓는다.
4. 팬에 올리브오일을 넉넉히 두르고 마늘을 넣고 향을 낸 후 마늘을 뺀다.
5. 풀어놓은 달걀을 반 정도 붓고 그 위에 삶아놓은 감자와 소금물에 담가두었던 양파를 올린다.
6. 약한 불로 익히면서 달걀을 조금씩 부어준다.
7. 팬보다 큰 접시로 옮긴다.
8. 팬에 올리브오일을 다시 두르고 남은 달걀을 넣고 7을 뒤집어서 옮긴다.
9. 테두리를 둥그렇게 잡아주면서 약한 불로 익힌다.

마늘과 새우를 올리브오일에 볶아서 올려주면 더 풍부한 맛을 낼 수 있다.

# 응답하라 1929, 마리아 루이사 공원

Theme 2

Parque María Luisa

지난밤에 내린 빗물을 머금은 이곳은 물빛과 새소리와 초록빛이 어우러져 싱그러움을 발산하는 쎄비야의 대표 공원, 마리아 루이사 공원이다. 1893년 산 뗄모 궁전 Palacio San Telmo 정원의 절반을 기증한 왕녀 마리아 루이사의 이름을 따 만들어진 이 공원은 쎄비야노는 물론 잠시 머물다가는 여행자들에게도 소중한 휴식의 공간을 제공한다. 큰 대로를 따라 찾아왔다는 것이 믿어지지 않을 정도로 공원 안은 고요하고 편안하다. 여행의 일정 중 잠시 쉬고 싶을 때, 산책하기에 아주 좋다.

### 마리아 루이사 공원
Parque María Luisa

- **주소** Avenida de María Luisa, s/n, 41013 Sevilla
- **가는 방법** 쎄비야 대학교 뒤쪽에 위치하며 쎄비야 대성당에서 도보 10분 정도 소요된다. 가까운 역으로는 메트로 1호선, 트램 1호선의 프라도 데 싼 쎄바스티안 역Prado de San Sebastian이 있다. 버스는 34, A6, C2의 프라도 데 싼 쎄바스티안Prado de San Sebastian 정류장에서 하차한다.
- **시간** 9~6월 8:00~22:00  7~8월 8:00~24:00
- **입장료** 무료

# 마리아 루이사 공원 산책

### A 토요일 밤의 열기
### 에스빠냐 광장
*Plaza España*

마리아 루이사 공원의 꽃이라고도 할 수 있는 광장이다. 1929년 라틴아메리카 박람회를 위해 세워진 광장으로 마치 사람이 팔을 벌리고 있는 것처럼 양쪽으로 둥글게 지어진 건물은 박람회에 온 세계 각국을 환영하며 포옹한다는 의미라고 한다. 중남미 정복시절 약탈한 것들에 대한 사죄의 의미라고도 하는데, 정작 마리아 루이사 공원 내의 그 어떤 국가 건축물보다 압도적인 크기라는 사실은 아이러니하다. 찬란한 태양빛을 뿜어내는 한낮의 에스빠냐 광장은 밤이 되면 달빛이 물빛에 섞이면서 또 다른 매력을 뿜어낸다. 게다가 토요일 밤에는 공연을 많이 하는데 내가 방문한 날에는 라디오 공개방송을 하고 있었다. 유명한 스페인 가수가 기타를 치며 잔잔하게 노래를 부르자 내 앞에 있던 중년의 커플이 춤을 춘다. 누군가는 앉아서 책을 읽고 또 다른 누군가는 서서 노래를 따라 부르며, 그리고 춤을 추며 모두가 함께 각자의 방법대로 시간의 흐름을 즐기고 있었다.

> 몇 년 전 핸드폰 광고에 김태희가 매력적인 춤을 추던 장소이기도 하다. 물론 그 광고는 김태희 얼굴 위주로 만들어진 것이라 장소가 어디인지는 중요하지 않았지만….

**B 쎄비야노의 시간은 흐른다**
**1929년 라틴아메리카 박람회의 현재**

마리아 루이사 공원을 거닐다 보면 작은 분수나 잘 꾸며진 작은 정원들 사이로 다양한 건물이 나타난다. 앞서 말했듯이 공원은 1929년 라틴아메리카 박람회를 위해 재정비되어 지금의 모습을 갖게 되었다. 그때 각국의 건축물을 세웠는데 지금은 각국의 영사관으로 사용되거나 전혀 다르게 사용되고 있는 곳들도 있어서 하나씩 구경하기 좋다.

1. 에스빠냐 광장 Plaza España 군사박물관
2. 포르투갈관 Pabellón de Portugal 포르투갈 영사관
3. 쎄비야관 Pabellón de Sevilla 카지노
4. 페루관 Pabellón de Perú 페루 영사관
5. 미국관 Pabellón de EEUU 발렌틴 데 마다리아가 재단
6. 텔레포니카관 Pabellón de Telefónica Forja XXI 재단
7. 언론관 Pabellón de la Prensa 유치원 과정 교육청
8. 도메니크관 Pabellón de Domecq 뮤지컬 회관
9. 왕립관 Pabellón Real 고용노동청
10. 콜롬비아관 Pabellón de Colombia 콜롬비아 영사관
11. 아르헨티나관 Pabellón de Argentina 무용학교
12. 모로코관 Pabellón de Marruecos 공원 관리청
13. 과테말라관 Pabellón Guatemala
14. 로페 데 베가 극장 Teatro Lope de Vega
15. 무데하르관 Pabellón de Mudéjar 전통예술박물관

백 년의 시간이 흐른 건물에 현재의 삶이 더해진 모습을 구경하다 보면 전혀 다른 방향으로 쓰여지고 있는 곳들이 있다. 그 중 가장 재미있던 곳이 아르헨티나관이다. 흰 벽과 노란 색의 아치, 그리고 넓은 창문이 눈에 띄는 그곳에서는 어린 쎄비야 아가씨들의 플라멩코 연습이 한창이었다. 백년이 시간이 흐른 건물에서, 정확한 시작이 언제인지도 알 수 없는 플라멩코를 배우는 21세기의 아가씨들의 모습이 신비롭기까지 하다.

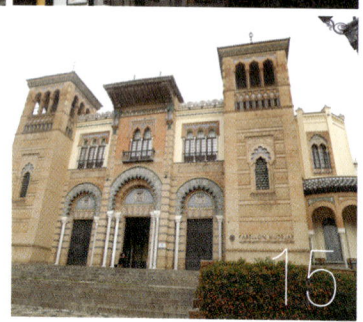

## 마리아 루이사 공원 근처의 이곳!

공원을 산책하고 쎄비야 시가지로 들어가는 길에
안달루시아 전통 샐러드로 즐기는 아침

### 빠띠오 싼 엘로이
*Patio San Eloy*

공원을 천천히 돌아보니 두 시간이 훌쩍 지나갔다. 시가지로 가는 길에 아침을 먹으려고 들어간 레스토랑에서 한국에서 2년간 일한 적이 있다는 종업원을 만났다. 매우 친절한 그녀 덕분에 아침을 먹는 내내 기분이 더 좋아졌다.
안달루시아의 전통 샐러드는 짭잘하고 고소한 훈제 생선과 싱싱한 어린잎 채소를 빵과 함께 먹는데 살짝 느끼할 수 있으니 띤또 데 베라노와 함께하면 좋다. 저녁에는 플라멩코 공연을 볼 수 있다. 레스토랑 안쪽에 스페인 전통 건축양식인 빠띠오에서 아른거리는 촛불의 빛을 바라보며 와인을 마시기도 좋다.

- 주소 Calle San Fernando, 27, 41004 Sevilla
- 전화 +34 954 50 10 70
- 시간 11:30~16:30, 19:00~23:30
- 예산 샐러드 6~9유로, 띤또 데 베라노 2.85유로, 빵 0.65유로
- 추천메뉴 엔쌀라다 데 아우마도스 Ensalada de Ahumados(훈제 연어와 대구가 들어있는 샐러드)

# 작은 보석 같은 마을,
# 뜨리아나 지구

Triana

Theme 3

아침에 숙소에서 나와 쎄비야 대학교 앞 까페떼리아에서 보까디요 데 또르띠야 Bocadillo de Tortilla(스페인식 감자오믈렛을 넣은 샌드위치)와 물 한 병을 샀다. 과달끼비르 강가를 거닐다가 누워서 책을 읽는 사람, 조깅을 하는 사람, 유람선을 타려고 기다리는 여행자들 사이로 자리를 잡고 앉아 강 건너편의 파스텔톤 장난감처럼 보이는 집들을 바라보면서 샌드위치를 먹는데, 멀찌감치 뿌엔떼 데 이사벨Puente de Isabell(이사벨 여왕의 다리, 뜨리아나 다리로 더 유명하다) 위로 쉴 새 없이 사람들이 지난다.

알카사르 왕궁 건축에 사용된 타일이 뜨리아나 지구에서 생산되었다고 하기에 샌드위치를 다 먹으면 쉬엄쉬엄 저 다리를 건너서 수공예 도자기 타일을 구경하고 올 생각이다. 강가에 앉아 건너편 뜨리아나 지구를 한참 바라보다가 다리를 건너 마을에 도착하니 거짓말처럼 비가 내린다.

잠시 오렌지 나무 밑에서 비를 피하며 바라본 강 건너편 쎄비야 대성당과 히랄다 탑이 다른 도시처럼 멀게 느껴진다. 방금 전 내가 건너왔던 그 도시와 걸어서 5분도 채 되지 않지만 새로운 곳에 도착한 것처럼 낯설다.

# 뜨리아나 지구 산책 1
## "성곽 밖의 마을, 뜨리아나"

쎄비야의 구시가지를 지나 과달끼비르 강 건너편에 뜨리아나 지구가 있다. 고대 로마 유적이 발견된 것으로 보아 아주 오래 전부터 있던 마을이라 추정하고 있다. 알-안달루시아 시대에 과달끼비르 강가에 만들어진 13개의 선착장을 통해 수상 무역을 거점으로 삼았고 활발한 시장을 통하여 빠른 경제적 성장을 거두었다. 하지만 잦은 홍수와 전염병 페스트로 인해 마을이 무너지기 시작했다.

그러던 중 스페인 국토회복운동이 시작되었고 페르난도 왕은 이슬람군의 통로를 막기 위해 과달끼비르 강에 있던 다리를 무너뜨렸다. 지금의 쎄비야 구시가지를 중심으로 성곽이 둘러졌고 뜨리아나 지구는 점점 고립되었다. 결국 쎄비야 성곽 안쪽의 집시나 서민들은 성곽 밖으로 쫓겨나게 되었고, 그렇게 새로운 마을 뜨리아나가 형성되었다.

성곽 안쪽의 사람들에게는 가난한 사람들이 사는 강 건너편쯤으로 여겨졌던 뜨리아나 지구는 사실 다양한 문화와 예술이 태어난 곳이기도 하다. 쎄비야의 자랑 플라멩코도 사실 뜨리아나 지구에서 시작되었다고 한다.

**VIEW POINT**
쎄비야 시가지와 뜨리아나 지구 사이에는 과달끼비르 강이 흐른다. 쎄비야 시가지를 등지고 강을 건너기 전 건너편 뜨리아나 지구의 파스텔톤 건물을 배경으로 사진을 찍으면 좋다.

## 뜨리아나 지구 산책 2
### 과달끼비르 강을 건너기까지
## "이사벨 여왕의 다리"

뜨리아나 다리라고 더 많이 알려져있는 이사벨 여왕의 다리는 19세기에 이르러서야 완공되었다. 스페인 최초의 철제 다리인 이 다리는 두 명의 프랑스 건축가 베르나뎃Bernadet과 스테이나쉐르Steinacher가 설계하였다. 그래서 그 시절 같은 건축가가 설계했던 파리의 루브르 박물관 앞 카루젤 다리Pont du Carrousel와 쌍둥이처럼 모양이 같았지만 현재 카루젤 다리는 재건축되어 다른 모양으로 남아있다. 빈센트 반 고흐의 작품 속에서나 찾아볼 수 있는 재건축 이전 카루젤 다리의 모습은 놀라울 만큼 뜨리아나 다리와 닮았다.

뜨리아나 지구를 산책하며 설명해주던 쎄비야 대학생은 왜 이렇게 다리가 늦게 생겼다고 생각하냐고 질문했다. 같이 있던 다른 지역의 스페인 사람들은 재정적인 문제가 아니였을까라고 대답했다. 쎄비야 대학생은 시니컬하게 다시 반문했다. "가난한 서민들만 사는 지역을 위해 다리를 건축할 필요를 느꼈을 것 같아?"

### 이사벨 여왕의 다리
*Puente de Isabel II*

- **주소** Puente de Isabel II, 41001 Sevilla
  투우장에서 아르마스 버스터미널 방향으로 과달끼비르 강가를 걷다 보면 철 구조물의 다리가 보인다. 다리의 입구에서는 안달루시아의 인기 간식인 꿀아몬드볶음을 판다.

## 뜨리아나 지구 산책 3
## "수공예 타일 마을"

앞서 말했듯이 뜨리아나의 타일은 알카사르 왕궁에 사용될 만큼 수준이 높다. 뜨리아나 지구에서 수공예가 발달한 것은 그것이 서민들의 직업군이었기 때문이라고 한다. 과달끼비르 강가의 모래를 사용해 만들기 시작한 도자기나 타일들이 점차 발전하면서 예술품으로 인정되기까지는 오랜 세월이 필요했다.

지금은 많이 쇠퇴했지만 길을 걷다 보면 타일을 파는 상점이나 학교, 작은 공방들을 쉽게 만날 수 있다. 스페인 전통 도자기부터 따빠스를 담는 작은 그릇까지, 사고 싶은 것들로 가득한 공방에 들어가보자. 여행 일정 중에는 갖고 다니기가 부담되긴 하지만 마지막 일정이라면 주저 말고 몇 가지를 사보는 것은 어떨까.

### ❶ 루이스가의 세라믹 공방
*Cerámica Ruiz*

- 주소 Calle San Jorge, 27, 41010 Triana, Sevilla
- 전화 +34 955 18 69 41

### ❷ 뜨리아나 세라믹 공방
*Ceramica Triana*

- 주소 Calle Callao, 14 cp. 41010 Triana, Sevilla
- 전화 +34 954 33 21 79
- 시간 월~금 10:00~14:00, 16:00~20:30 토 10:00~14:00 (일요일 휴무)
- 홈페이지 www.ceramicatriana.com
- 메일 ceramicatriana@ceramicatriana.com

## 뜨리아나 지구 산책 4

### 할아버지와 유쾌한 아침을
# "뜨리아나 시장"

이사벨 여왕의 다리를 건너자마자 보이는 건물은 뜨리아나의 재래시장 Mercado de Triana이다. 시장으로 들어가니 싱싱한 채소부터 해산물까지 없는 것이 없다. 시장 안에 까페떼리아와 작은 바가 몇 군데 있길래 커피나 한잔할까 하는 생각으로 바에 자리를 잡고 앉았다. 꼬르따도 Cortado(에스프레소에 우유거품을 올린 스페인식 커피)를 한잔 주문하고 주위를 보니 할아버지께서 늦은 아침을 즐기고 계셨다. 바삭하게 구운 모예떼 Mollete(안테께라 지방의 빵으로 둥글 넓적하고 바게트보다 부드럽다. 안달루시아 지방에서는 샌드위치를 만들 때 바게트보다 주로 모예떼를 이용한다) 위에 새빨간 토마토즙을 발라 쓱쓱 썬 하몽을 얹고 올리브오일을 잔뜩 뿌려서 드시는 걸 보니 방금 아침을 먹었음에도 불구하고 또 먹고 싶어졌다. 까마레라 Camarera(여자 종업원)를 불러서 나도 저 분이 드시는 것을 똑같이 달라고 했더니 뚝딱 만들어서 주었다. 접시를 받아 사진을 찍고 있는 날 보더니 할아버지께서 어디서 왔냐고 묻는다. "한국에서 왔어요." "스페인 말을 할 줄 아네?" "네. 스페인에서 살았어요." "하몽도 먹을 줄 알아? 이거 정말 맛있어. 나는 자주 와서 먹어." "드시는 것 보고 너무 맛있어보여서 따라 시켰어요."
이쯤 되니 바 종업원들도 궁금한지 이것저것 묻는다. 혼자 갔어도 왁자지껄 함께 떠들면서 먹으니 기분이 더 좋다. 그때 할아버지께서 급하게 소리쳤다.
"소금을 쳐서 먹어야 돼. 그래야 훨씬 맛있어. 저 여자애 소금 줬어? 빨리 줘봐봐."
혹시 혼자하는 여행에 외로움을 느낀다면 시장에 앉아 아침식사를 해보는 것은 어떨까. 비록 스페인어를 모른다 해도 순수한 그들은 당신에게 한없이 친절을 베풀어 줄 것이다.

### 150년 전통의 뜨리아나 시장
*Mercado de Triana*

- **주소** Calle San Jorge, 6, 41010 Triana, Sevilla
- **시간** 7:00~15:00 (일요일 휴무)

**뜨리아나 시장 속 이곳!**

전통 시장에서 즐기는 맛있는 시간.
할아버지, 할머니의 아지트

## 무라야 바
*Bar la Muralla*

스페인의 시장은 아침 일찍 열어서 점심시간 언저리에 문을 닫기 때문에 시장 안에 위치한 음식점들도 운영 시간이 짧다. 싱싱한 재료로 요리하기 때문에 거의 모든 음식이 수준 이상이다.

- 주소  Mercado de Triana, no.72, 41009 Triana, Sevilla(시장 안의 가게마다 번호가 있다)
- 전화  +34 954 34 43 02
- 시간  7:00~15:00 (일요일 휴무)
- 예산  샐러드 6~9유로, 띤또 데 베라노 2.85유로, 빵 0.65유로
- 추천메뉴
  - 페스까디또 프리또 Pescadito Frito(신선한 생선튀김)
  - 페스까도 플란차 Pescado Plancha(신선한 생선구이)

바삭하게 구운 토스트 위의 하몽

## 까페떼리아 63
*Cafeteria 63*

- 주소  Mercado de Triana, no.63, 41009 Triana, Sevilla (시장 안의 가게마다 번호가 있다)
- 시간  7:00~15:00 (일요일 휴무)
- 예산  토스트 2~4유로, 커피 1.50~2유로
- 추천메뉴
  - 토스따다 꼰 하몽 Tostada con Jamón(바삭하게 구운 토스트와 하몽 슬라이스-튀김)
  - 꼬르따도 Cortado(에스프레소에 우유거품을 올린 스페인식 커피)

## 뜨리아나 지구 산책 5
### 뜨리아나의 중심길
# "싼 자씬또 거리"

이사벨 여왕의 다리를 건너면 바로 일직선으로 이어지는 거리가 바로 뜨리아나의 중심길, 싼 자씬또 거리 Calle San Jacinto 다. 밤늦도록 맛있는 냄새가 나는 이 거리는 멋부리지 않은, 소박한 안달루시아의 음식을 즐길 수 있는 곳이 많다.

언제나 손님이 끊이지 않는 곳,
뜨리아나의 대표 따빠스 집
### 따베르나 미아미
*Taberna Miami*

- 주소 Calle San Jacinto, 21, 41010 Triana, Sevilla
- 전화 +34 954 33 57 95
- 시간 11:00~23:30 (화요일 휴무)
- 예산 생맥주 1.25유로, 따빠스 12~20유로
- 추천메뉴
  • 페스까도 바리아도 프리또 Pescado Variado Frito (바삭한 생선모둠튀김)
  • 마리스코 바리아도 Marisco Variado (해산물모둠구이)

## 뜨리아나 지구 산책 6
### 과달끼비르 강가를 따라서
# "베띠스 거리"

---

이사벨 여왕의 다리를 건너기 전 과달끼비르 강가를 보면 파스텔톤의 장난감 같은 건물들이 제일 먼저 눈에 띈다. 파란 하늘과 잘 어울리는 이 베띠스 거리<sup>Calle Betis</sup>에는 과달끼비르 강을 따라 칵테일 바가 밀집해있다. 해가 지고 난 후 강 건너 쎄비야 대성당의 불빛과 강가의 야경을 바라보면서 간단하게 한잔하기에 좋다. 가격 대비 좋은 퀄리티의 따빠스를 즐기기에는 부족한 편이니 기분을 내고 싶을 때 한 번 정도 가보는 것을 추천한다.

### 과달끼비르 강은 정말 과달끼비르 강일까?

쎄비야와 뜨리아나를 가로지르는 강이 사실은 과달끼비르 강이 아니라는 것을 아는지. 과달끼비르 강은 쎄비야에서 수십 킬로미터 떨어진 곳에서 흐르고 있다고 한다. 우리의 조상들이 논에 물을 대기 위해 강을 끌어다 저수지를 만든 것처럼 지금 쎄비야에서 과달끼비르 강이라고 불리는 강은 원래 강의 강줄기를 끌고 와서 인위적으로 만든 것이라고 한다. 하지만 쎄비야노들은 말한다. "그래도 과달끼비르 강이야."

## 베띠스 거리 근처의 이곳!

까만 고양이 가족, 반짝이는 과달끼비르 강가 아름다운 뷰를 갖고 있는 따빠스집

## 키오스꼬 데 라스 플로레스
*Kiosco de Las Flores*

오래된 해산물튀김 전문집으로 맛도 좋고 강 건너 쎄비야 대성당의 모습까지 보이는 아름다운 전망을 자랑한다. 하지만 가격이 비싼 편이어서 다른 곳에서 식사를 하기 전후에 간단하게 분위기 내기 위해 잠깐 들를 곳으로 알맞다. 고소한 생선튀김 냄새에 까만 고양이 가족들이 하나둘 모여든다. 입맛이 까다로워서 빵 종류는 거들떠도 보지 않으니 줘봐야 무시 당할 뿐이다.

- 주소  Calle Betis, s/n, 41010 Sevilla
- 전화  +34 954 27 45 76
- 시간  화 20:00~24:00 수~일 12:00~16:00, 20:00~24:00 (월요일 휴무)
- 예산  생맥주 3유로, 따빠스 10~20유로
- 추천메뉴  초꼬스 프리또 Chocos Frito(갑오징어튀김)

DAY 3

# Almería y Jaén

알메리아와 하엔

## 자세히 보아야
## 만날 수 있는
## 선물 같은 하루

한창 안달루시아 여행을 계획 중일 때, 지인들을 통해 우연히 알게 된 두 곳의 여행지가 있었다. 스페인에서 요리를 하고 있는 친구가 알려준 곳은 바다와 사막이 만나는 곳에 있는 도시였고, 몇 년 전 안달루시아 여행을 하고 돌아온 친구가 알려준 다른 한 곳은 비옥한 땅에서 맛있는 올리브가 자라는 도시였다. 그라나다에서 각각 당일치기로 다녀올 수 있는 두 도시는 지도를 자세히 들여다보아야 찾을 수 있는 작은 지역이지만, 이미 스페인 사람들에게는 유명한 곳이다. 자세한 정보도 없이 무작정 가보고 싶은 느낌이 들었던 그 두 곳은 안달루시아 동쪽 끝 천혜의 환경을 품은 알메리아와 안달루시아가 스페인에서 가장 비옥한 땅으로 꼽히는 이유인 하엔이었다. 유명한 건축물이나 수많은 미술품이 있는 것은 아니지만, 자세히 들여다볼수록 아름다운, 내가 찾은 나만의 장소가 되는 알메리아와 하엔으로 가보자.

# 숨겨진 보석, 알메리아
## Almeria

Theme 1

알메리아로 가는 길은 여기저기에 선인장이 보이는 황량한 사막이다. 숨겨진 보석이라는 알메리아의 별명답게 한참 동안 사막 산을 오르락내리락하다 보니, 저 멀리로 바다를 품은 마을이 보인다. 그라나다에서 동쪽으로 100㎞ 떨어진 알메리아는 뛰어난 자연환경을 보존하기 위해 관광상품 개발을 제한했다. 그 덕분에 널리 알려지지 않아 현지인들만 이따금씩 찾는 곳이다. 하지만 거울처럼 반짝이는 은빛 바다와 사막이 만나는 매력에 이끌리듯 찾아오는 여행자들이 매년 증가하고 있다고 한다.

### 알메리아 가는 법

그라나다와 알메리아 구간을 왕복으로 운행하는 버스와 기차가 있다. 알메리아의 버스터미널과 기차역은 모두 알메리아 터미널 한곳에 있으며, 시내까지 걸어서 이동할 수 있는 거리다.

**알메리아 터미널** Estación de Almería
- 주소 Plaza de la Estación, s/n, Almería 04006

#### 버스
그라나다 – 알메리아
약 2~4시간 소요
- 버스 종류에 따라 소요 시간이 다르다. 소요 시간이 길어도 티켓 가격이 비싼 경우가 있으며, 반대로 우등버스의 티켓이 가장 싼 경우도 있다. 미리 확인하고 구입하면 저렴한 가격에 구입할 수 있다.
- 요금 편도 14~18유로, 왕복 25~33유로
- 예매 www.alsa.es

#### 기차
그라나다 – 알메리아
약 2시간 30분 소요
- 요금 편도 20유로, 왕복 31유로
- 예매 www.renfe.es

### 알메리아 공항에서 시내로 들어가는 방법

22번 버스 탑승, 시내까지 약 35분 소요. 1.05유로, 1시간 10분마다 운행.

### 인포메이션 센터
**중앙인포메이션센터**
- 주소 Plaza de la Constitución, 9, 04001 Almería
- 시간 여름 9:00~14:00, 17:30~20:30
  겨울 9:00~15:00

## 알메리아 시내 산책 1
### 온 도시를 한눈에 담을 수 있는 요새
# "알카사바"

---

지도를 받기도 전에 언덕 위에 쓸쓸하게 서있는 성곽이 눈에 띄었다. 좁고 구불거리는 스페인 옛 골목길이 그대로 남아있는 구시가지를 따라 걷다 보니 어느덧 성곽 입구에 도착했다.
작은 도시를 지키는 요새 정도로 생각하고 들어선 성곽은 은빛으로 반짝이는 지중해와 마주 보며 신비한 빛을 만들어내고 있다. 태양이 가장 뜨거웠던 한낮이었음에도 사막의 흙과 돌 색깔이 마치 노을이 질 때와 같은 묘한 분위기를 만들어냈다. 로마 시대부터 항만도시로 사용했던 요충지답게 알카사바에서는 알메리아 시내를 넘어 지중해의 수평선까지 한눈에 시원하게 바라볼 수 있다.

### 알카사바
*Alcazaba*

- **주소** Almanzor, s/n, 04002 Almería
- **전화** +34 950 80 10 08
- **시간** 화~토 10:00~18:30 일·공휴일 10:00~17:00 (월요일 휴무)
- **입장료** 무료

## 알메리아 시내 산책 2
### 알메리아 서민을 지켜준 성당
# "까떼드랄 데 알메리아"

---

5백 년 전 북아프리카 해적들의 잦은 침략에 알메리아의 성당Catedral은 서민의 대피소로 사용되곤 했다. 그래서 다른 성당의 건축양식과는 다르게 해적의 침입을 지켜볼 수 있는 망루가 발달했다. 유럽의 유명한 성당들은 대부분 화려하고 멋진, 어쩌면 귀족들을 위한 장소였는데 이곳은 서민들을 위한 성당이었다는 이야기를 들으니 새삼 알메리아가 좋아졌다.
해적에게 붙잡혀 죽임을 당하거나 노예로 끌려가는 것을 피해 숨어든 사람들을 보호해준 성당은 화려하진 않아도 알메리아 서민들에게 가장 의미 있는 장소가 아닐까? 성당은 여전히 묵묵하게 그 자리에서 알메리아를 지켜주는 듯하다.

### 까떼드랄 데 알메리아
*Catedral de Almeria*

- **주소** Plaza de la Catedral, 1, 04002 Almería
- **전화** +34 950 23 26 00
- **시간** 월~금 10:00~13:30, 16:00~17:00
  토 10:00~13:30 (일요일 휴무)
- **입장료** 5유로

### 까떼드랄 근처의 이곳!

성당을 바라보며 시원한 생맥주 한잔
### 몬떼네그로 까떼드랄
*MonteNegro Catedral*

성당 앞 광장 한쪽 끝에 위치한 바에서 잠시 쉬었다 가자. 남부지방인 안달루시아에서 북부지방 갈리시아의 생맥주를 마실 수 있는 곳이다. 밖으로 보이는 성당과 하늘 높이 뻗은 야자나무와 넓은 광장이 마치 펜으로 그린 그림을 보는 것 같다.

- **주소** Plaza de Catedral, 3, 04002 Almería
- **예산** 2.5유로
- **추천메뉴** 갈리시아 까냐Caña(생맥주)

## 알메리아 시내 산책 3
아랍, 로마 그리고 가톨릭 문화가 공존하는 광장
# "알메리아 시청 광장"

구시가지의 좁고 구불거리는 골목을 걷다 보면 각각 다른 건물로 사방이 둘러싸인 널따란 광장이 나온다. 시청 건물이 있어서 '시청광장'이라고 부르지만 예전부터 내려오던 이름은 '오래된 광장'이라고 한다. 이슬람 시대에는 시장이 열렸던 곳으로 로마 문화와 가톨릭 문화까지 골고루 섞인, 잘 손질된 작은 정원도 있다.

### 알메리아 시청 광장
*Plaza de la Constitución*
- 주소  Plaza de la Constitución, s/n, 04002 Almería

### 알메리아 시청 광장 근처의 이곳!

### 플라싸 비에하 호텔
*Plaza Vieja Hotel & Lounge*

시청 광장의 오래된 고택을 개조한 호텔로 모던하면서도 편안한 인테리어가 장점이다. 숙박을 하지 않더라도 조용히 와인을 한잔하거나 책을 읽으면서 쉬기 좋다. 아랍식 전통 스파를 갖추고 있다.

- 주소  Plaza de la Constitución, 4, 04003 Almería
- 전화  +34 950 28 20 96
- 예산  트윈룸 기준 1박 125유로~ (아랍식 전통 스파 포함)
- 홈페이지  www.plazaviejahl.com
- 메일  reservas@plazaviejahl.com
- 인터넷 사용  호텔 내 전 구역 무료 와이파이
- 주차  1일 16유로

# 알메리아에서 가볼 만한 식당

늦은 점심을 한가롭게 먹을 수 있는 레스토랑
### 따베르나 또레루쓰
*Taberna Torreluz*

호텔에서 운영하는 레스토랑으로 북적이지 않는다. 조금은 늦은 점심시간, 야외 테이블에 앉아서 여유롭게 식사하기에 좋고 음식도 깔끔하고 정갈하다. 20년 동안 운영되고 있는 곳으로 알메리아 스타일의 따빠스를 즐길 수 있다.

- 주소  Plaza Flores, 11, 04001 Almería
- 전화  +34 950 28 14 30
- 시간  일~목 13:30~16:00, 20:30~23:00 금~토 13:30~16:00, 20:30~2:00
- 예산  따빠스 4~5유로
- 추천메뉴  빠따스 데 뿔뽀 꼰 알리올리Patas de Pulpo con Ali Oli(알리올리 소스에 찍어먹는 작은 문어다리 튀김), 바깔라오 꼰 또마떼Bacalao con Tomate (토마토소스 대구조림)

오래된 전통 따빠스 바
### 까사 뿌가
*Casa Puga*

1870년에 문을 연, 굉장히 깊은 역사를 자랑하는 알메리아의 대표 따빠스 바다. 현지인들에게 사랑받는 오래된 바인 만큼 남녀노소 할 것 없이 다양한 손님이 드나든다. 가정식 따빠스와 요리를 선보이는 이곳은 퇴근길에 시원한 맥주 한잔하지 않고 그냥 지나치기 힘든, 알메리아 사람들의 방앗간 같은 곳이다.

- 주소  Calle Jovellanos, 7, 04003 Almería
- 전화  +34 950 23 15 30
- 시간  12:00~16:00, 20:00~24:00 (일요일 휴무)
- 예산  따빠스 4~5유로
- 추천메뉴  감바스 레보싸다스 Gambas Rebozadas (작은 새우 튀김)

# 금빛 오일 마을, 하엔 Jaén

Theme 2

스페인에서는 올리브오일이 들어가지 않은 음식을 찾아보기 어려울 정도다. 이러한 스페인에서 생산되는 올리브오일 중 60%는 안달루시아산인데, 그중 하엔과 꼬르도바에서 가장 좋은 품질의 올리브가 생산된다고 한다. 꼬르도바와 그라나다 사이에 있는 하엔으로 가는 길에는 끝이 보이지 않는 올리브 농장이 이어진다.

하엔에 도착해 호텔에서 체크인을 하고 밖으로 나가니 멀리 성이 보인다. 하엔의 빠라도르가 있는 성으로, 그곳에 가는 길에는 올리브 나무 사이로 하얀 말들이 한가롭게 풀을 뜯어먹으며 여유를 즐기고 있다.

스페인 여행을 준비하는 사람들에게 가장 먼저 그리고 가장 많이 듣는 질문 중 하나가 소매치기에 관한 것이다. 내가 살던 바르쎌로나는 워

낙 소매치기로 악명이 높았기 때문에 나는 가방을 끌어안고 다니는 것에 익숙하다. 한국에 처음 돌아왔을 때 카페에서 핸드폰과 가방을 두고 화장실에 가던 사람을 보고 나도 모르게 그 사람이 자리로 돌아올 때까지 그의 소지품을 지켜봐준 적도 있다. 하엔은 그런 걱정 없이 한가롭고 평화로운 여행을 하기에 너무도 알맞은 지역이다. 올리브 나무와 산으로 둘러싸인 고요한 도시 하엔에서 풍요로운 치유의 시간을 가져보길 바란다.

## 하엔으로 가는 법

### 버스
**그라나다-하엔**
약 1시간 30분 소요
- 요금  9유로
- 예매  www.alsa.es

**하엔 버스 터미널**
- 주소  Plaza Coca de la Piñera, 6, 23003 Jaén
- 전화  +34 953 23 23 00

### 기차
**꼬르도바-하엔**
약 1시간 40분 소요
- 요금  15유로
- 예매  www.renfe.es

**하엔 기차역**
- 주소  Plaza de Jaén por la Paz, 1, 23007 Jaén
- 전화  +34 902 43 23 43

### 하엔의 인포메이션 센터
- 주소  Calle Maestra, 8, 23003 Jaén
- 전화  +34 953 190 455
- 시간  월~금 9:00~19:30 주말·공휴일 9:30~15:00

## 하엔 시내 산책 1
별 것 아닌 최고의 올리브오일
# "맛있는 하엔"

하엔에서는 의미가 없는 질문들이 있다. 예를 들어 특별한 올리브오일을 파는 상점이나 맛있는 올리브오일을 사용하는 식당이 어디냐고 하엔 사람들에게 물어보면, 그들은 마치 엄마가 좋은지 아빠가 좋은지를 물어본 것 같은 얼굴이 된다. 동네 아무 가게에서나 살 수 있는 최고급 올리브, 박물관 화장실에 놓여있는 올리브 비누, 집 앞 식당의 테이블마다 대충 던져놓은 올리브오일은 그저 일상일 뿐이다.

하엔에서는 매년 생산되는 올리브오일의 등급을 심사하는데 1등급 올리브오일을 얘기할 때도 그들은 오늘 먹은 토마토 파스타가 어제 먹은 것보다 맛있었다는 정도의 수다를 떠는 것 같다.

## 하엔의 올리브오일을 맛보다

**하엔의 좋은 올리브오일을 사용하는 레스토랑**
**빠나쎄이떼**
*Panaceite*

아무 데나 들어가도 다 맛있다는 하엔 사람들도 최고라 말하는, 정말 맛있는 올리브오일이 테이블마다 놓여있는 레스토랑이다. 평일 점심에는 근처의 직장인들로 붐비는 곳이다. 테이블 위에 무심하게 던져져있는 올리브오일을 듬뿍 찍어 빵을 먹으면 황홀한 기분이 들 것이다.

- 주소  Calle Bernabé Soriano, 1, 23001 Jaén
- 전화  +34 953 24 06 30
- 시간  8:30~16:00, 19:30~1:30
- 예산  9유로~
- 추천메뉴  알본디가스 꼰 살사 알멘드라 Albondigas con salsa Almendra (아몬드소스 미트볼)

좋은 올리브오일을 발라 말린 명란과 아몬드
그리고 맥주의 환상 조합
### 볼라삐에
*Volapie*

신문으로 만든 메뉴판, 와인통으로 만든 높은 테이블 때문인지 활기차고 조금은 정신 없는 따빠스 바로 언제나 사람들로 가득하다. 안달루시아 특산품으로 만드는 따빠스와 맥주를 즐기기에 좋다. 까디스 주의 작은 도시 바르바떼Barbate에서 나는 고급 참치나 대구를 받아서 조리한다. 좋은 올리브오일을 발라서 말린 명란을 얇게 포를 떠서 아몬드와 먹는 맛이 일품이다.

- 주소  Plaza la Constitución, 3, 23001 Jaén
- 전화  +34 957 48 42 22
- 시간  일~목 12:00~24:30 금~토 12:00~2:30
- 예산  6유로~
- 추천메뉴  우에바스 데 마루까 이 수 아쎄이떼
  Huevas de Maruca y Su aceite (바르바떼 지역의 말린 명란 포와 아몬드)

품질 좋은 다양한 올리브 제품을 판매하는 가게
### 띠에라 데 올리보스
*Tierra del Olivos*

문을 연 지는 오래되지 않았지만 질 좋은 올리브 제품을 판매하는 세련된 편집숍이다. 화장품이나 오일, 다이어트·건강식품용 올리브 제품까지 다양하다.

- 주소  Calle Maestra, 7, 23003 Jaén
- 전화  +34 664 33 78 82
- 시간  10:00~20:30 (일요일 휴무)
- 예산  올리브오일 10유로~, 비누 5유로~

## 슈퍼마켓에서 장을 보다가 만난 할머니에게 듣는 올리브 이야기

좋은 올리브오일을 파는 곳이 어디냐고 물어도 하나같이 특별한 곳이 없다고 말하는 하엔 사람들이길래 그냥 눈에 띄는 슈퍼마켓으로 갔다. 올리브 코너를 살펴보고 있는데 장을 보러 온 할머니가 슬쩍 말을 건넨다. "스페인 말 할 줄 아니?" "네. 안녕하세요." "오, 할 줄 아는구나. 올리브오일 사려고?" "아니요, 그냥 구경하려고요. 하엔이 올리브로 유명하다고 해서요."

할머니는 아예 자리를 잡고 올리브오일 먹는 방법부터 하엔 올리브오일의 특징까지 짧은 시간 내에 많은 이야기를 들려주셨다. 이야기 중간중간 다른 친구 할머니와 안부 인사도 하면서. 스페인 사람들이 워낙 말하기 좋아하고 친절한 건 알고 있었지만 이 정도일 줄이야. 슈퍼마켓에 있는 잠깐 동안 얼마나 많은 동네 할머니들과 인사를 했는지 모르겠다. 그래도 할머니에게 듣는 올리브오일 이야기는 흥미롭다.

하엔의 올리브는 처음 입에 머물렀을 때는 쓴 향이 나는데 목으로 넘기면 살짝 매콤한 맛이 나는 것이 특징이다. 올리브 향이 매우 뛰어나고 지속력이 강한 편으로 보통 10월에는 좋은 열매를 선별하여 오일로 만들고, 11~1월에는 남은 올리브로 올리브 절임을 만든다고 한다.

좋은 올리브오일을 쉽게 구분하는 방법은 다음과 같다. 우선 종이컵에 올리브오일을 넣고 손으로 뚜껑을 막아서 5분 정도 기다린 뒤에 손을 떼고 향과 맛을 보는 것이다. 올리브오일은 살짝 따듯해졌을 때 향과 맛이 진해지기 때문에 이렇게 하면 올리브오일 본연의 맛을 느낄 수 있다고 한다. 이건 할머니가 알려주신 팁인데, 아주 좋은 올리브오일이 아니어도 음식에 넣기 전에 이 방법으로 아주 약간 따뜻하게 해서 사용하면 훨씬 맛있는 요리가 된다고 한다. 모든 맛은 정성에서 나오는 것이라는 말을 덧붙이면서.

할머니가 알려주는 스페인식 아침식사
# 빤 꼰 또마떼
*Pan con Tomate*

**재료**
바게트 적당량, 토마토 1개, 엑스트라 버진 올리브오일 50㎖, 마늘즙 1큰술, 소금 약간

1. 바게트를 먹기 좋은 크기로 자른다. 취향에 따라 토스터로 살짝 구워도 좋다.
2. 토마토는 껍질을 벗겨 강판에 간다. 핸드블렌더를 사용할 경우 주스처럼 너무 곱게 갈리지 않도록 주의한다.
3. 올리브오일을 종이컵에 넣고 손으로 덮어서 감싼 뒤 5분 정도 쥐고 있는다.
4. 바게트 위에 마늘즙을 조금 바르고 간 토마토를 듬뿍 얹는다. 마늘은 취향에 따라 생략 가능하다.
5. 조금 따듯해진 올리브오일의 더 풍부해진 향을 맡으면서 빵 위에 뿌린다.
6. 소금을 약간 뿌린다.
7. 커피와 함께 든든한 스페인식 아침식사로 즐겨도 좋고, 손님을 초대했을 때 애피타이저로 내어놓기에도 좋다.

# 하엔 시내 산책 2
### 하엔 주민들의 데이트 코스
## "싼따 까똘리나 성"

싼따 까똘리나 성으로 가는 길은 택시를 타는 것이 가장 편하다고 하는데 나는 조금 걸어보기로 했다. 마을의 위쪽을 향해 계속 올라가니 어느샌가 아스팔트길이 아닌 산길이 나온다. 이 길이 맞는지도 모른채 저 위로 보이는 싼따 까똘리나 성만 보고 계속 올라가다 보니 올리브 농장이 나오고 급기야 한가롭게 풀을 뜯어먹고 있는 말이 나타났다. 조금 전까지만 해도 마을을 걷고 있었는데, 얼마나 올라온 걸까 생각하며 뒤를 돌아보니 마을이 한눈에 다 들어온다.

그때, 헉헉대며 이 길을 올라오는 한 남자가 보인다. 나를 보더니 반가운 얼굴로 활짝 웃으며 혹시 싼따 까똘리나 성에 가는 길이냐고 묻는다. 그렇게 언덕길을 함께 오르게 된 그는 하엔에서 영어선생님으로 일하고 있는 영국인 닉Nick이다. 나는 애당초 길을 모른 채 무작정 올라온 것이라 왠지 길을 알고 온 것 같은 닉을 만나니 어찌나 반갑던지. 하지만 그는 나를 단번에 당황하게 만들었는데, 그는 매일 성에 올라가는 여러 루트의 길을 찾아내는 중이며 따라서 이 길은 오늘 처음 와보는 곳이라고 한다. 나를 보고서 이 길이 맞나보다 하고 반가웠다니, 둘 다 어이가 없어 웃으며 우선 올라가보자면서 다시 발걸음을 옮겼다. 어느 정도 올라가니 조금씩 길이 보이기 시작했고 택시를 타고 가라고 했던 호텔 직원이 말한 길이 나타났다. 어쨌든 제대로 왔구나. 목적지에 가까이 다가가서야 우리는 서로에 대해 물었다. 그는 하엔에 여자친구가 있어서 무작정 이곳에 살게 되었다고 한다. 여긴 올리브 밖에 없다면서 뭐 다른 거 본 거 있냐고 되레 나에게 묻는다.

"아, 올리브 보러왔어."

해가 질 무렵 성당 너머 산 위에 있는 성의 불이 밝혀진다. 조용한 도시를 지켜주듯이 밤이 깊어질수록 점점 화려한 빛을 내뿜는 싼따 까똘리나 성은 이슬람 시대에 밀려오는 기독교 군인을 막기 위한 요새로 지어졌지만, 안달루시아의 다른 도시처럼 마지막에는 기독교인들의 성으로 변했다. 성의 오른쪽에 작은 길이 있는데 큰 십자가가 마을을 바라보며 서있다.

성 안에는 국가에서 운영하는 호텔 빠라도르가 있어서 숙박은 물론 간단한 따빠스나 수준 높은 안달루시아 전통 음식도 즐길 수 있다.

### 싼따 까똘리나 성
*Castillo de Santa Catolina*

- **주소** Castillo de Santa Catalina, s/n, 23002 Jaén
- **전화** +34 953 12 07 33
- **시간** 겨울 화~일 10:00~14:00, 15:30~19:30 (월요일 휴무)
  여름 화~일 10:00~14:00, 17:00~21:30 (월요일 휴무)
- **입장료** 3.5유로

성 안의 국영호텔
### 하엔 빠라도르
*Jaén Parador*

늦은 밤 성 안에서 별과 함께 잠이 들고 이른 새벽 산맥에 둘러싸인 성에서 떠오르는 태양을 볼 수 있는 것은 상상 이상으로 근사하다. 숙박을 하지 않더라도 수준급의 레스토랑에서 전통 안달루시아 음식을 즐기는 것도 좋다.

- **주소** Castillo de Santa Catalina, s/n, 23002 Jaén
- **전화** +34 953 23 00 00
- **예산** 트윈룸 기준 1박 125유로~(조식 포함)
- **홈페이지** www.parador.es
- **메일** jaen@parador.es
- **인터넷 사용** 호텔 내 전 구역 무료 와이파이
- **주차** 무료

## 하엔 시내 산책 3
### 잠이 솔솔 오는 벽에 기대앉아서
# "까떼드랄 데 하엔"

성당의 벽에 기대앉으니 시원한 바람이 불어온다. 스페인의 날씨는 태양은 뜨거워도 습하지는 않아서 그늘에 있으면 시원하다. 뜨거운 한낮에 돌아다니다가 성당 그늘에 들어가니 땀이 식는다. 성당에서 미사를 보고 나오는 할머니들은 "오늘의 점심메뉴는 무엇으로 할 거야?", "그 요리엔 뭘 더 넣으니 맛있더라.", "옆집 할아버지가 간밤에 쓰러져서 구급차가 왔다던데 괜찮으신지 모르겠네"처럼 모든 일상생활을 공유하는 듯한 이야기를 나누고 있다. 유럽의 웬만한 도시마다 있는 비슷비슷하게 생긴 성당이 조금 지겨워졌다면 성당 벽에 기대앉아보자. 눈을 지긋이 감고 바람을 느끼며 할머니들의 조근조근 끝없는 수다도 들어보면서 말이다.

### 까떼드랄 데 하엔
*Catedral de Jaén*

- 주소  Plaza de Santa María, s/n, 23002 Jaén
- 전화  +34 953 23 42 33
- 시간  8:30~14:00, 16:00~19:00
- 입장료  5유로

### 까떼드랄 데 하엔 근처의 이곳!

하엔 시내의 중심 광장
### 샤우엔 호텔
*Hotel Xauen*

데안 마싸스 광장이 내려다 보이고 호텔의 테라스에서는 하엔 성당을 볼 수 있다. 방이 넓은 편이며 깨끗하고 시내의 중심에 있기 때문에 이동이 매우 편리하다. 호텔 밖으로 나오면 광장을 중심으로 카페와 바, 레스토랑이 많다.

- 주소  Plaza Dean Mazas, 3, 23001 Jaén
- 전화  +34 953 24 07 89
- 예산  트윈룸 기준 1박 65유로~(조식 포함)
- 홈페이지  www.hotelxauenjaen.com
- 메일  info@hotelxauenjaen.com
- 인터넷 사용  호텔 내 전 구역 무료 와이파이

## 하엔의 근교마을 우베다

### 150년의 전통, 곤고라 가족의 도자기 공방

안달루시아 여행을 떠나기 전 지인에게 바에싸Baeza와 우베다Ubeda 라는 작은 올리브 마을이 있으니 꼭 가보라는 이야기를 들었다. 하엔에 숙소를 잡고 정보를 찾아보니 30분 거리에 우베다가 있다. 점심을 먹고 느지막하게 도착한 우베다는 조용하다 못해 사람이 사는지가 의문일 정도로 고요하다. 흙빛의 건물들로 채워진 거리는 비가 오던 날씨와 묘하게 어울렸고 슬렁슬렁 골목을 다니던 중 전망대 근처에 도자기가 잔뜩 걸린 곤고라 알파레리아를 발견했다.

알파레리아Alfareria란 스페인 전통방식의 도자기 공방을 말하는데 현재는 계승자 부족으로 많이 사라지는 추세라고 한다. 공방의 입구는 도자기를 구울 때 사용하는 가마의 모습과 닮아있었다. 안으로 들어가보니 전통 도자기 외에 화려한 도자기들도 많이 있다. 혼자서 이것저것 구경하고 있으니 안쪽에서 아주머니가 나와서 인사를 한다. 그때까지만 해도 쎄비야의 뜨리아나 지구에서 본 수공예 공방쯤으로 생각하고 말을 걸었다.

"안녕하세요. 한국에서 온 여행객인데 밖에서 보니 도자기가 특이해서 들어왔어요."
"반가워요. 진짜 멀리서 왔네. 우리는 보다시피 스페인 전통 도자기 공방이에요."
"여기서도 작업을 하세요?"
"여기는 매장으로 더 많이 쓰이고 작업실은 또 다른 곳에 있어요."
"이 공방은 언제부터 운영하셨나요?"
"우리는 1846년에 처음 문을 열었어요."

1846년이면 150년도 넘은 시간 동안 운영된 공방이란 말인데 아무것도 아니라는 듯이 말하는 아주머니라니. 곤고라Gongora 가족의 공방은 자그마치 5대째 이어져오는 도자기 공방이었다. 도자기 공방의 시초라며 특유의 기법으로 받았다는 보증서를 보여주었다. 그러고 보니 들어오면서 봤던 한쪽 벽의 사진과 상장들은 오랜 세월의 흔적이었고 이것저것 보여주던 아주머니는 바로 곤고라 집안의 며느리였다. 지금은 아주머니의 남편이 계승자이며 그녀의 아들 또한 배우고 있는 중이라고 했다. 재미있는 사실은 우베다에 곤고라 집안의 80% 이상이 거주하고 있어서 어딜 가나 친척들이라고.

도자기에 관심이 있다면, 그렇지 않다 해도 150년 동안 이어지는 전통의 공방이 궁금하다면 우베다의 곤고라 공방을 찾아가보자.

### 알파레리아 곤고라
*Alfareria Gongora*

- 주소  Cuesta de la Merced, 32, 23400 Ubeda, Jaén
- 전화  +34 953 75 46 05
- 홈페이지  www.alfareriagongora.com

### 우베다 가는 법

- 버스  하엔-우베다 약 30분 소요
- 요금  5.36유로
- 예매  www.alsa.es

**DAY 4**

# Córdoba

꼬르도바

# 사랑하고 싶은 하루

"사랑은 가장 아프고 아름답지만 누구나 기다린다. 사랑이 끝난 뒤 기억은 연기처럼 사라지는 것 같지만 홀로 우리의 사랑을 기억해준다. 가장 아프고 가장 아름다웠던 우리의 시간을."

플라멩코 공연 중 나지막이 부르는 그녀의 노랫말에 문득 그가 생각났다. 긴 연애의 끝은 정의할 수 없는 애증으로 엉켜버렸는데 웬일인지 그녀의 노랫소리에 행복했던 기억이 떠오른다.

이루어질 수 없는 사랑을 하라던 스페인의 대표 소설 《돈 끼호떼<sup>Don Quijote</sup>》의 저자 미겔 데 쎄르반떼스<sup>Miguel de Cervante</sup>가 글을 썼던 도시 꼬르도바에서는 사랑이 그리워진다. 좁은 골목 사이로 들리는 분수의 물소리와 불빛의 아른거림은 아름다웠던 시간이 생각나고 집집마다 걸려있는 제라늄 화분까지 묘하게 설렘을 불러일으킨다. 메스끼따의 쏟아지는 황금빛 햇살을 받으며 행복한 커플이 웨딩 촬영을 하고 밤이 되면 더욱더 화려해지는 알카사르의 물빛 정원 사이로 누군가는 사랑을 고백한다. 만약 당신이 지금 사랑하고 있다면, 혹은 반대로 사랑이 끝났다 하더라도 꼬르도바에 가자. 유난히도 밤이 아름다운 도시의 찬란한 빛을 느끼며 사랑하라. 설령 이루어질 수 없는 사랑일지라도.

# 꼬르도바
## 시내 지도

**C.** Calle
**Av.** Avenida
**Pl.** Plaza

# 꼬르도바 기본 정보
Córdoba

## 날씨

뜨거운 여름과 따듯한 겨울로 일 년 내내 여행하기 좋지만 7~8월의 여행은 피하는 것이 좋다. 한낮의 태양이 너무 뜨거워서 돌아다니기에는 무리가 될 수 있으니 오후 3~5시에는 숙소로 돌아가서 쉬다가 나오는 것이 좋다.

## 교통

고속기차 아베AVE를 이용하면 마드리드에서 꼬르도바까지 1시간 40분 정도 소요되어, 주말을 이용해 짧게 여행하는 사람들이 많다.

### 꼬르도바에 드나드는 방법

#### 기차
- 마드리드-꼬르도바 약 1시간 40분 소요, 47유로~
- 쎄비야-꼬르도바 약 50분 소요, 15유로~
- 그라나다-꼬르도바 약 3시간 소요, 35유로~

#### 꼬르도바 기차역
Estación de Cordoba
- **주소** Glorieta de Las Tres Cultura, s/n, 14011 Córdoba

### 기차역에서 구시가지로 들어가는 방법

기차역과 버스터미널 사이에 있는 버스정류장에서 Fuensanta 방향의 3번 버스를 타고 티Potro 정거장에서 내리면 메스끼따 남쪽의 과달끼비르 강가에 하차한다.
- **요금** 1.20유로

## 인포메이션 센터

### 뗀디야스 광장 인포메이션 센터
- **주소** Plaza de las Tendillas, s/n
- **시간** 9:00~14:00, 17:00~19:30

## 숙박

### 1. 쎌루 호텔 Hotel Selu
꼬르도바 기차역에서 도보로 10분. 쇼핑 거리인 콘쎕씨온 거리에서 3분 거리다. 구시가지에 위치한 것은 아니지만 메스끼따까지 도보로 10분 정도면 충분하다. 기차역에서 이동이 쉬워서 짧게 이동하는 중간에 들르는 여행자에게 좋다. 방은 넓은 편이고 깨끗하다.
- **주소** Eduardo Dato, 7, 14003 Córdoba
- **전화** +34 957 47 65 00

- **예산** 트윈룸 기준 1박 50유로~
- **인터넷 사용** 공공 이용 시설 무료 와이파이
- **홈페이지** www.hotelselu.com
- **메일** reservas@hotelselu.com

### 2. 라 뿌엔떼 호스딸
Hostal la Fuente

안달루시아 전통가옥을 개조해서 만든 호스텔로 객실은 하나의 원룸 구조로 되어있다. 주방이 있어서 취사가 가능하고 과달끼비르 강가와 가까워서 산책하기에 좋다.

- **주소** Calle San Fernando, 51, 14003 Córdoba
- **전화** +34 957 48 78 27
- **예산** 트윈룸 기준 60유로~
- **인터넷 사용** 호텔 전 구역 무료 와이파이
- **홈페이지** www.hostallafuente.com
- **메일** info@hostallafuente.com

### 3. 한인민박 까사 빠티오

도미토리 객실도 최대 4명까지인, 깨끗하고 북적이지 않는 한인민박집이다. 꼬르도바 관광정보를 받을 수 있다는 최대 장점이 있고 혼자 다니는 여행일 경우 동행자를 만날 수도 있다.

- **예산** 도미토리 기준 30유로~
- **인터넷 사용** 호텔 전 구역 무료 와이파이
- **홈페이지** blog.naver.com/incordoba
- **메일** incordoba@naver.com

## 꼬르도바에서 꼭 사야 하는 것

안달루시아 전통 신발
**또릴**Toril

1955년에 오픈한 안달루시아 전통 신발 가게로 더운 여름에 시원하게 신을 수 있어서 꼬르도바 남녀노소에게 인기가 많다. 천을 사용해 다양한 색깔과 모양으로 디자인해서 나만의 신발을 찾는 재미가 있다.

- **주소** Centro, 14002 Córdoba
- **전화** +34 957 47 21 56

# 아름다운 밤의 도시

## Noche de Córdoba

Theme 1

해가 지고 아스라이 어둠을 밝히는 불빛 속에 있노라면 시간을 거슬러 찬란했던 이슬람 시대의 수도 꼬르도바에 서있는 것만 같다. 하나둘 켜지는 황금빛 조명은 좁고 끝이 보이지 않는 골목과 그 사이에 있는 광장의 분수 소리와 섞이고, 어디선가 들리는 기타 소리는 바람을 타고 돌아다닌다. 꼬르도바의 밤에 취하지 않을 도리가 없다.

## 눈부신 꼬르도바의 밤 1
### 빛과 소리를 따라 열리는 마법의 길
# "메스끼따"

처음 메스끼따Mezquita(이슬람 사원)라는 단어를 보고 스페인어 메스끌라르Mezclar(섞다)를 떠올렸다. 동서양의 문화가 섞인 안달루시아에 어울린다는 생각을 하면서. 하지만 메스끼따의 어원은 아랍어인 마스기드Masgid(무릎 꿇어 기도하다)라고 한다. 동양의 종교 건축물이 유럽에 세워졌을 뿐만 아니라 동서양을 통틀어 세 번째 규모를 자랑한다는 사실이 이슬람 시대의 수도였던 꼬르도바의 힘을 상상하게 한다.

뜨거운 한낮의 열기를 담담하게 받아들인 메스끼따는 해 질 녘 노을이 나타날 무렵이면 태양빛과 만나 황금처럼 빛난다. 야간입장으로 들어간 사원의 오렌지 정원은 낮 시간의 북적거림도 없고 뜨거운 태양의 열기도 식은 채 평화롭다.

메스끼따를 관람하는 방법은 두 가지가 있다. 주간입장과 야간입장. 메스끼따의 야간입장을 더 추천하고 싶은데 실제 여행 중 가장 황홀했던 시간이기도 했다.

입장하면 먼저 오렌지 정원 옆에 설치된 스크린을 통해 간단한 소개 영상을 본다. 그 후 오디오 가이드 헤드셋을 받고 몇 가지 주의사항을 들은 뒤, 드디어 메스끼따 안으로 들어간다.

### 메스끼따
*Mezquita*

- **주소** Calle del Cardenal Herrero, 1, 14003 Córdoba
- **전화** +34 957 47 05 12
- **홈페이지** www.mezquitadecordoba.org

<주간입장>
- **시간** 3~10월 월~토 10:00~18:00, 일·공휴일 8:30~11:30, 15:00~18:00
  11~2월 월~토 10:00~18:00, 일·공휴일 8:30~11:30, 15:00~18:00
- **입장료** 8유로

<야간입장>
- **시간** 월~토 21:30(2015년 기준/시간은 해마다 조금씩 다르니 미리 확인해야 한다. 최대 80명까지 입장 가능하다)
- **입장료** 18유로
- **예매** 홈페이지를 통해 예약하거나 꼬르떼잉글레스 백화점(Avenida Ronda de los Tejares, 30)에서 구입할 수 있다.
- **홈페이지** www.elalmadecordoba.com

# 메스끼따 탐험

### A 신데렐라의 마법 같은 850개의 아치

부엌데기 신데렐라가 호박마차를 타고 무도회에 들어갔을 때 이런 느낌이었을까? "디오스 미오Dios mio(오 마이 갓!)"라고 외치는 소리가 사방에서 백 번쯤 들린다. 귀에는 웅장한 성가가 울리고 암흑처럼 새까맣던 사원의 내부가 마법처럼 불을 밝힌다. 사원의 아치형 기둥은 도미노처럼 우리가 걷는 길을 따라 환하게 빛을 밝히고 고이 간직한 보물 같은 메스끼따가 열린다. 고요한 웅장함이 모두를 매료시킨 채 한 시간이 마법처럼 지난다. 넋이 나간 채로 메스끼따에서 나와 거리에 서고 나서야 비로소 정신이 든다. 이 정도면 신데렐라의 마법은 우습다 싶을 정도다.

메스끼따는 천장의 무게를 지탱하기 위해 2층 구조의 아치 형태로 건축되었다. 흰색과 붉은색이 조화로운 무늬는 색칠한 것이 아니라 흰 벽돌과 붉은 벽돌을 번갈아 끼워넣었다고 한다.

### B 이슬람과 가톨릭의 조화로움 두 종교의 만남

안달루시아 문화가 수준 높은 이유 중 하나는 동서양 문화의 공존에서 오는 특별함 때문이라 할 수 있다. 특히 꼬르도바의 메스끼따는 이슬람문화와 가톨릭 문화의 공존이 두드러지게 나타난다. 가장 먼저 볼 수 있는 점은 메스끼따 한쪽의 무슬림 기도실인 미라브Mirab와 또 다른 쪽에 있는 가톨릭 성당의 예배당이다. 두 번째로 찾아볼 수 있는 점은 안달루시아 지역 성당의 특징 중 하나로, 다른 유럽의 성당처럼 내부가 화려한 스테인드글라스 장식의 창문이 아닌 투명한 창문과 하얀 천장이라는 것이다. 사원으로 들어가기 전 몸을 깨끗이 하고 들어가는 이슬람문화에서 비롯된 것으로 사원 안으로 들어갔을 때 영혼이 정화되는 것을 표현했다고 한다.

## ⓒ 금박을 입힌 듯한
### 외부 장식

메스끼따의 외부는 복원이 채 끝나지 않은 곳도 있고 화려한 금박을 입힌 듯한 곳도 있는데 해 질 녘 노을이 비칠 때 시각적 효과가 극대화된다. 흙벽의 색깔과 황금색의 태양빛이 만나서 마치 금으로 빚은 듯한 화려함이 눈길을 사로잡는다. 또한 이슬람 문양의 화려함을 보여주는 문은 색다른 볼거리가 된다.

## ⓓ 영혼이 정화되는
### 오렌지 정원

이슬람 사원의 대표적인 정원으로 회당으로 들어가기 전에 몸을 깨끗이 닦고 들어가기 위한 곳이다. 입구를 지나면 바로 보인다.

## ⓔ 뛰어난 조각가의 손길
### 105석의 성가대

아랫부분은 구약성서, 윗부분은 신약성서의 이야기를 모티브로 만들었으며 각각의 조각은 다른 모양을 갖고 있다. 그 시절 가장 솜씨가 뛰어난 조각가를 초빙해서 제작했다고 한다.

## 메스끼따 근처의 이곳!

한 명, 한 명에게 최선을 다하는 레스토랑
### 따베르나 루께
*Taberna Luque*

메스끼따 주변을 오고 가며 봐뒀던 작은 레스토랑은 벌써 예약이 다 찼다고 했다. 왠지 예약이 찼다고 하니 더 먹어보고 싶은 마음이 들어 한 명이니 혹시라도 자리가 있으면 연락을 달라고 하고 나왔다. 저녁 8시, 작은 가게 구석에 나를 위한 한 자리가 만들어졌다. 중년의 웨이터 혼자서 각 테이블마다 주문을 받는다. 꼬르도바 여행이 처음이라고 하니 그럼 많이 알려진 음식을 원하는지 아니면 처음 먹어보는 음식을 원하는지 물어보았다. 꼬르도바 사람들이 먹는, 잘 알려지지 않은 음식을 추천해 달라고 하니 하나하나 설명을 해주면서 주문을 받는데 그 와중에도 미처 예약하지 못한 사람들이 끊임없이 들어왔다. 왠지 빨리 먹고 나가야 될 것 같은 미안함을 눈치 챘는지 중년의 웨이터는 "오늘 네가 앉은 이 테이블은 가게가 문을 닫을 때까지 너만을 위한 것"이라며 천천히 즐기라고 했다.
토마토로 만든 가스파초 대신에 아몬드로 만든 가스파초를 주문했는데 기대 이상으로 맛있었다. 레스토랑에서 생산하는 올리브오일도 매우 수준 높으며 판매도 한다.

- **주소** Calle Blanco Belmonte, 4, 14003 Córdoba
- **전화** +34 699 80 65 60
- **시간** 12:00~17:00, 20:30~24:30
- **예산** 20유로~
- **추천메뉴** 아몬드 가스파초 Gazpacho de Almendra

## 눈부신 꼬르도바의 밤 2
### 찬란한 물빛의 소리
# "알카사르 데 로스 레예스 크리스티아노스"

고대 로마 시대에 도시가 형성되고 이슬람 시절의 수도로 번영했던 도시답게 꼬르도바는 곳곳이 유적지다. 그중 알카사르는 13세기 알폰소 10세의 왕궁 겸 요새로 지은 곳으로 아름다운 정원이 매력적이다. 물의 도시답게 화려한 조명을 잔뜩 비추고 있는 분수의 물줄기가 시원하게 올라간다. 낮에 본 쎄비야의 알카사르와는 또 다른 느낌이다. 작은 규모의 정원이지만 물과 빛 그리고 소리가 만나 이루는 조화는 마치 화려한 물줄기들의 플라멩코를 보는 듯하다.
선선한 시간에 불빛을 따라 걷는 왕궁의 정원은 연인들의 데이트 코스로 인기가 많다. 하긴 이렇게 아름다운 물빛 아래서 사랑하는 사람을 바라보는 것처럼 행복한 일이 또 있을까 싶다.

### 알카사르 데 로스 레예스 크리스티아노스
*Alcazar de los Reyes Cristianos*

- 주소 Plaza Campo Santo de los Mártires, s/n, 14004 Córdoba
- 전화 +34 957 42 01 51
- 홈페이지 www.alcazardelosreyescristianos.cordoba.es
- 시간 월 8:30~20:15 화~금 8:30~20:45 토 8:30~16:30, 16:30~20:15 일·공휴일 8:30~14:30, 14:30~20:15
- 입장료 야간 알카사르 정원 분수쇼를 포함한 티켓이 7유로인데 낮에 입장할 경우 저녁에 분수쇼를 보러 다시 올 수 있으니 오전에 구입하는 것이 좋다. 낮 시간의 알카사르만 관람하는 티켓은 4.5유로이다.

## 눈부신 꼬르도바의 밤 3

과달끼비르 강 건너 반짝이는 꼬르도바
## "로마교"

---

꼬르도바의 남쪽에 흐르는 과달끼비르 강을 건너는 유일한 수단이었던 로마교 Puente Romano 는 오랜 기간 리모델링을 거듭하면서 지금의 모습에 이르게 되었다. 로마 다리를 본떠 만든 이 다리를 건너자 황금빛으로 물든 메스끼따와 알카사르가 강물에 비친다. 하늘이 점점 어두워질수록 건너편으로 보이는 꼬르도바는 더욱더 화려하고, 사람들은 그 모습을 보기 위해 끝없이 다리를 건넌다. 현지인에게도 산책 코스로 인기 있는 이 길은 웨딩 촬영을 하는 커플들의 포토존이기도 하다. 다리에 기대서 건너편 메스끼따를 바라보고 있자니 사랑을 하지 않으면 억울할 정도로 너무 아름답다. 누군가 그랬다. 끊임없이 용기를 내서 고백하라고. 떼 끼에로 Te quiero (사랑해)!

### 과달끼비르 강 근처의 이곳!

과달끼비르 야경을 바라보며
동화 같은 공간에서 칵테일 한잔

#### 소호 푸씨온
*Sojo Fusión*

과달끼비르 강가 앞에 위치한 이곳은 밤이 되면 강물에 비친 빛과 함께 동화 같은 공간이 된다. 따뜻하면서 감각적인 인테리어와 분위기로 만약 프로포즈를 할 장소를 찾는다면 이곳으로 가자. 외벽을 타고 내려오는 덩굴 아래 푹신한 쿠션이 깔린 의자에 앉아 조곤조곤 이야기를 나누기에 최고의 장소다.

- 주소  Calle Enrique Romero Torres, 14002 Córdoba
- 전화  +34 957 49 66 41
- 시간  월~금 20:00~3:00 토 21:00~4:00 일 21:00~3:00
- 예산  칵테일 6유로~
- 홈페이지  www.gruposojo.es/sojo-fusion

# 라파를 따라가자, 현지 대학생이 소개하는 꼬르도바 이야기

Theme 2

Córdoba
Walking Tour

매일 아침 열 시, 뗀디야스 광장Plaza de las tendillas에는 파란색 우산을 들고 서있는 청년들이 있다. 안달루시아는 무료 투어 프로그램이 꽤나 괜찮아서 쎄비야, 그라나다에 이어 꼬르도바에서도 역시 참여하기로 했다. 영어와 스페인어 그룹으로 나눠지는데 그룹별로 둥글게 서서 어디서 왔는지 이름이 뭔지 등의 자기소개를 하고 다 같이 사진을 한 장 찍는다. 우리나라의 경우 "김~치"를 외치듯 스페인에서는 "빠따~따(감자)"를, 꼬르도바의 경우 "메스끼~따"를 외친다. 한번 해보자. 상황이 어떻든 사진 속의 당신은 활짝 웃는 얼굴일 것이다.

### 꼬르도바 워킹투어

꼬르도바의 청년들이 제공하는 무료 워킹투어다. 미로처럼 구불거리는 꼬르도바의 구석구석을 소개해주는데 야경투어나 플라멩코 공연투어 등의 추가 프로그램도 있다. 편한 옷과 운동화를 신고 참여하는 것을 추천한다.

- **출발 장소** 뗀디야스 광장 Plaza de las tendillas
- **출발 시간** 10:00
- **소요 시간** 약 3시간
- **가격** 무료(마지막에 함께 해준 가이드에게 자유롭게 팁을 지불). 플라멩코, 따빠스 투어 등은 유료로 진행된다.
- **예약** www.freetourcordoba.com

## 라파와 함께하는 꼬르도바 워킹투어

### A 꼬르도바의 중심
### 뗀디야스 광장
*Plaza de las Tendillas*

구시가지와 신시가지의 경계선에 위치한 뗀디야스 광장은 오래 전부터 꼬르도바의 중심 광장으로 이용되었다. 뗀디야스는 스페인어로 '작은 상점들'을 뜻하는데 예전에 시장으로 유명해서 '상점이 많은 광장'이라 불렸다고 한다. 뗀디야스 광장에 설치되어있는 시계는 매 시간 15분마다 아름다운 기타 소리가 나오는데 한 해의 마지막 날 꼬르도바 시민들이 모여서 새해를 맞이하는 광장이기도 하다. 스페인 사람들은 12월 31일의 마지막 12초 동안 포도알 열두 개를 먹는 풍습이 있다. 새해 스페인에 있다면 포도를 들고 도시의 광장으로 나가서 소원을 빌어보자.

- **주소** Plaza de las Tendillas, 14003 Córdoba
* 투어 프로그램의 모임 장소이기도 하고 인포메이션 센터도 있다.

### B 로마 신전의 흔적
### 뗌쁠로 로마노
*Templo Romano*

로마 시대 스페인의 중심 지역이었던 꼬르도바에서는 곳곳에서 로마의 흔적을 발견할 수 있다. 시청 확장 공사 중 발견된 뗌쁠로 로마노는 로마 시대 신전의 흔적으로, 꼬르도바의 도심 가운데 우뚝 서있다.

- **주소** Calle Capitulares, s/n, 14003 Córdoba
- **입장료** 무심코 지나칠 수도 있을 정도로 길가에 있다. 당연히 무료이다.

## 뗌쁠로 로마노 근처의 이곳!

로마 신전을 바라보면 마시는 맥주 한잔
### 라 까냐 데 에스파냐
*La Caña D'España*

밤에 불이 켜진 로마 신전의 기둥 옆에 언제나 꼬르도바 사람들로 북적이는 바가 있다. 음료를 시키면 따빠스가 제공되는데 안달루시아의 음식점에서는 흔한 일인데도 유독 이곳은 인기가 많다. 맥주를 한잔 시키고 보니 무료로 제공되는 따빠스가 다른 곳과 다르다. 또띠아 종류도 있고 옥수수콘이 들어가는 것도 있고 꽤 다양하다. 가격이 저렴한 편이지만 맛은 평범해서 로마 신전을 바라보면서 부담 없이 맥주 한잔하기에 좋다.

- **주소** Calle Claudio Marcelo, 2, 14002 Córdoba
- **전화** +34 957 48 45 32
- **시간** 12:00~2:00 (일요일 휴무)
- **예산** 음료 2유로~
- **추천메뉴** 까냐 Caña(생맥주)를 주문하면 따빠스가 함께 나온다.

## C 그 많던 소꼬리찜은 누가 먹었을까
### 꼬레데라 광장
### *La Corredera*

17세기에 지은, 안달루시아에서 유일한 사각형의 광장으로 투우 경기나 축제 등을 위한 장소였다. 투우 경기장 주변에 소꼬리찜 식당이 많은 편인데 투우 경기가 끝나고 난 뒤 버린 소의 꼬리를 가난한 서민들이 주워서 요리해 먹었기 때문이라고 한다. 안달루시아 지역의 소꼬리찜은 갈비찜과 그 맛이 흡사하여 한국인에게 인기가 많다.

- **주소** Plaza de la Corredera, 1 Córdoba

### D 돈 끼호떼의 외침
### 뽀르또 광장
*Plaza de Porto*

광장에 들어서면 가운데 있는 분수가 제일 먼저 눈에 들어온다. 수컷 망아지를 뜻하는 뽀르또Porto 분수인데 이 분수의 이름을 따서 광장의 이름도 뽀르또 광장이라고 한다. 황금의 시대에는 경매장으로 사용되었고 유럽 근대 최고의 작품으로 인정받는 소설 《돈 끼호떼Don Quijote》의 저자 미겔 데 쎄르반떼스가 묵었던 여관이 있는 곳으로 유명하다.

광장 한쪽에는 15세기 고딕 양식 건축물이 있는데 병원으로 사용되다가 현재는 꼬르도바를 중심으로 활동한 바로크 시대 화가들의 작품을 모아둔 미술관으로 사용하고 있다. 특히 근대화가 훌리오 로메로 데 또레스의 작품이 유명한데 매력적인 꼬르도바 여인들의 표정을 생생하게 나타내어 묘한 느낌을 준다.

- **주소** Plaza de Porto, 1 Córdoba

### 훌리오 로메로 데 또레스 미술관
*Museo Julio Romero de Torres*

- **주소** Plaza del Potro, 1, 14002 Córdoba
- **전화** +34 957 47 03 56
- **시간** 화~금 8:30~20:45 토 8:30~16:30 일 8:30~14:30 (월요일 휴관)
- **홈페이지** museojulioromero.cordoba.es

### E 안녕! 내 이름은 라파Rafa야
### 꼬르도바의 수호신 라파엘
*San Rafael*

메스끼따와 로마교 사이에는 꼬르도바의 수호신 라파엘 동상이 높게 서있다. 투어 프로그램 가이드는 자신의 이름 역시 라파엘이라며, 역시나 줄여서 부르는 것을 좋아하는 안달루시아답게 라파Rafa로 부르면 된단다. 유럽에서 페스트가 유행하여 많은 사람이 죽어갈 때 꼬르도바에 라파엘 천사가 내려와서 시민들을 치유해주었고 이후 도시의 수호신이 되었다고 한다. 꼬르도바에는 유난히 약수터가 많은데 라파엘 천사가 물을 통해 페스트를 치유했기 때문에 꼬르도바의 물은 약수라고 전해진다. 아니나 다를까 인솔자 라파는 빈 생수병을 들고 다니면서 수시로 물을 받아서 마시곤 했다. 도시의 수호신인 만큼 인기가 많은 이름이라서 꼬르도바 남자의 이름은 반 이상이 라파일 거라며 미로 같은 골목에서 길을 잃거나 위험한 일을 당하면 "라파!"를 외치라고 한다. 골목 내에 사는 남자 중에 무조건 라파가 있다나. 경찰보다 빨리 나타날 거라고 하니 한번 불러보자. 헤이, 라파!

### F 기저귀보다 좁은 골목길
### 빠뉴엘로 골목길
*Pañuelo*

라 꼰차 광장Plaza de la Concha의 한쪽에 세계에서 가장 좁은 골목 중 하나로 꼽히는 길이 있다. 바로 빠뉴엘로 골목길. 기저귀를 펼친 것보다 좁다고 해서 이름 붙여진 곳으로 빠뉴엘로는 기저귀를 뜻한다.

## 헤로니모 빠에스 광장 근처의 이곳!

나무 밑 그늘에서 울리는 기타 소리

### 라 까베아 바
*Bar La Cavea*

헤로니모 빠에스 광장Plaza de Jerónimo Páez에 들어서니 기타 소리가 은은하게 울린다. 광장에 위치한 라 까베아 바에서 나는 맛있는 냄새도 바람에 섞여 불어온다. 높은 나무는 시원한 그늘을 선사한다. 라파가 자신이 일했던 곳이며 아름다운 광장에서 맛있는 따빠스를 즐길 수 있는 곳이라고 강력추천했다. 다양한 안달루시아풍의 따빠스가 눈과 귀와 입을 모두 충족시켜주는 곳이다.

- 주소  Plaza de Jerónimo Páez, 7, 14003 Córdoba
- 전화  +34 957 48 45 32
- 시간  9:00~16:30, 20:00~1:00
- 예산  따빠스 2유로~, 메인 요리 7유로~
- 추천메뉴 또르띠야 데 빠따따스 Tortilla de Patatas (스페니시 오믈렛), 깔라마레스 프리또스 Calamares Fritos(레몬즙을 뿌려먹는 오징어 튀김)

### 꼬르도바 고고학 박물관
*Museo Arqueológico y Etnológico de Córdoba*

- 주소  Plaza de Jerónimo Páez, 7, 14003 Córdoba
- 전화  +34 957 35 55 17
- 시간  1월 1일~6월 15일, 9월 16일~12월 31일
  화~토 9:00~19:30 일·공휴일 9:00~15:30
  (월요일 휴관)
  6월 16일~9월 15일 9:00~15:30 (월요일 휴관)
- 입장료  1.5유로

# 꽃, 식물, 빛
# 그리고 물의 조화,
# 나의 아름다운 빠띠오

Theme 3

    '5월의 신부'라고 불리는 꼬르도바의 봄에는 어딜 가도 꽃이 가득하다. 특별한 장소가 따로 있는 것이 아니라 꼬르도바 도시 전체가 꽃으로 만든 정원이다. 좁은 골목과 작은 광장마다 있는 분수대의 물소리는 꽃과 만나 더욱 아름다운 장면을 연출한다. 그라나다의 알람브라 궁전 정원이나 쎄비야의 알카사르 정원에서 본 압도적인 화려함은 아니지만 서민들의 소소한 행복이 전달되는 듯하다. 하얀 벽에 쏟아지듯 걸려있는 화분과 활짝 핀 꽃을 보면서 걷다 보면 당신도 모르게 미소 짓게 될 것이다.

    스페인의 건축양식 중 가장 대표적인 것이 빠띠오$^{Patio}$다. 우리나라의 중정과 비슷한 빠띠오는 뜨거운 햇살을 피하기 위한 그늘을 만들어주고 맞은편에 사는 사람들과의 소통 장소가 되기도 한다. 사실 빠띠오를 꾸미기 시작한 것은 다닥다닥 붙어 있는 이웃집과의 사이에 경계를 주기 위해 각 집에서 꽃이나 식물로 장식하면서부터라고 한다. 그러다가 점차 더 아름답게 만들고 싶은 경쟁이 생겨서 화려해졌고 이제는 꼬르도바를 대표하는 문화로 어엿하게 자리 잡았다.

## 꼬르도바의 빠띠오 1
### 아름다운 빠띠오
# "비아나 궁전"

14세기 비아나 후작의 궁전으로 무려 열두 개의 빠띠오가 있다. 각각의 빠띠오는 모두 다른 테마로 꾸며져있는데 20세기 후반까지는 비아나 귀족 가문이 실제로 거주했다. 긴 시절 동안 관리해 온 비아나 궁전은 로마 양식부터 아랍 양식까지 당대 힘 있는 귀족의 생활을 엿볼 수 있다. 안달루시아의 다른 지방에도 귀족의 집은 많지만 비아나 궁전처럼 정원의 내부까지 공개한 곳은 없으니 놓치지 말고 꼭 들어가보길.

### 비아나 궁전 내부의 빠띠오들

**❶ 빠띠오 데 레씨보**
*Patio de Recibo*

비아나 궁전의 입구에서 가장 먼저 보이는 빠띠오로 손님을 맞이하는 정원이다. 정원은 그리스 도리아식에서 발전된 토스카나 방식으로 장식이 없는 단순한 형태의 기둥으로 둘러싸여있다. 정원 입구 쪽은 마차가 들어와야 해서 생략되었다.

### 비아나 궁전
*Palacio de Viana*

- 주소  Plaza de don Gome, 2 14001 Córdoba
- 전화  +34 957 49 67 41
- 시간  7~8월 9:00~15:00 (월요일 휴무)
  9~6월 화~토 10:00~19:00, 일 10:00~15:00
  (월요일 휴무)
- 입장료  8유로

### ❷ 빠띠오 데 로스 가또스
*Patio de los Gatos*

정원을 공유하는 주택을 법적으로 문서화시킨 꼬르도바 최초의 건물로 비아나 가문이 구입한 뒤에는 부엌으로 사용되었다.

### ❸ 빠띠오 데 로스 나란호스
*Patio de los Naranjos*

무슬림의 전통방식인 과실수를 심어놓은 정원이다. 이슬람문화의 건축에서 빠지지 않는 작은 분수가 있고 유자나무는 나중에 심었다.

### ❹ 빠띠오 데 라스 레하스
*Patio de las Rejas*

거리를 향해 보이는 유일한 빠띠오로 그 당시 궁전 주인의 부와 권력을 보이기 위한 곳이다.

### ❺ 빠띠오 데 라 마다마
*Patio de la Madama*

빠띠오 데 라스 레하스와 반대로 궁전의 내부에서 바라보기 위한 정원으로 물의 요정을 콘셉트로 따뜻하고 편안한 느낌을 의도했다고 한다.

### ❻ 빠띠오 데 꼴룸나스
*Patido de Columnas*

비아나 궁전을 외부에 공개할 때, 방문자들을 위해 지어진 물의 정원으로 여름 밤 분수쇼가 열리기도 한다.

### ❼ 빠띠오 데 라 알베르까
*Patio de la Alberca*

'겸손의 공간'으로 불리기도 하는 물의 정원으로 궁전 내의 식물이 만들어내는 탄소를 산소로 바꾸어주는 곳이다.

## 꼬르도바의 빠띠오 2
### 5월의 축제
## "라 피에스따 데 로스 빠띠오스"

여행하기 가장 좋은 날씨인 5월 초, 약 12일 동안 열리는 꼬르도바의 빠띠오 축제La Fiesta de los Patios를 보기 위해 전 세계에서 사람들이 모여든다. 유네스코 인류무형문화재에 등재되기도 한 이 축제기간에는 집집마다 잘 꾸며진 정원을 공개하기도 하고 하얀 벽에 제라늄 화분을 잔뜩 걸어놓기도 한다.

빠띠오 축제가 열리는 기간에는 관광명소 외에도 주거지역까지 공개되는 루트가 있는데 실제 꼬르도바 사람들의 생활모습을 구경할 수 있다. 단지 화려하게 꾸며진 빠띠오의 모습을 자랑하는 것이 아닌 예전부터 이웃과 함께 도우며 살아가던 꼬르도바 사람들의 정신을 느낄 수 있다. 춤과 노래, 꽃과 향기, 빛과 물소리까지 다채로운 모습들이 화합하며 나오는 아름다움을 놓치지 않기를.

빠띠오 투어 코스
### 로스 빠띠오스 델 알카사르 비에호
*Los Patios del Alcázar Viejo*

알카사르 지구의 빠띠오를 모아서 만든 투어 코스로 매년 좋은 성적을 거둘 정도로 관리를 잘하고 있다. 빠띠오 축제 기간이 아니어도 공개되는 집들도 있다. 매년 2월 27일에 그 해의 빠띠오를 개방한다. 집집마다 상황에 따라 운영 여부가 달라지니 미리 홈페이지를 통해 확인하는 것이 좋다.

- **시간** 11:00~14:00, 17:00~20:00를 기준으로 매우 다양하다. 월별, 요일별로 휴관일과 개장 시간이 다르므로 반드시 홈페이지를 확인해야 한다.
- **티켓 구입 장소** Calle San Basilio, 14, 14004 Córdoba
- **입장료** 6유로
- **홈페이지** patiosdelalcazarviejo.com

### 싼 바실리오 거리 근처의 이곳!

왕실승마장
### 까바예리싸스 레알레스 데 꼬르도바
*Caballerizas Reales de Cordoba*

안달루시아에 단 두 곳이 있는 왕실승마장은 까디스 주의 헤레스 데 라 프론떼라Jerez de la Frontera와 이곳 꼬르도바에 있다. 다른 곳에서 보는 일반 말이 아닌 스페인 왕족의 말을 배출하는 곳으로 환상적인 말 쇼를 볼 수 있다.

- **주소** Calle Caballerizas Reales 1, 14009 Córdoba
- **시간** 월~금 16:00~21:00 토~일 8:00~13:00
- **홈페이지** www.caballerizasreales.com
- **이메일** info@caballerizasreales.com

# 맛있는 꼬르도바
## Plato Córdoba

Theme 4

화창한 날씨에 광장에서 마신 별 것 아닌 커피 한잔이 유난히 맛있었거나 과달끼비르의 야경을 바라보며 마셨던 상그리아가 계속 기억에 남는 것은 그 순간이 공기와 어우러져서 각자만의 특별한 레시피가 되었기 때문이다. 자신만의 맛있는 꼬르도바를 만나보길.

# 꼬르도바 맛 탐험

### ① 초콜릿이 가득 들어있는 미니 크루아상
**그라니에르 카페**
*Granier*

맛있는 커피와 좋은 밀로 만든 빵을 판매하는 카페로 꼬르도바 시민들의 방앗간 같은 곳이다. 빵을 주문하기 위해서는 한쪽 벽에 있는 번호표를 뽑고 기다리면 된다. 커피는 안쪽에서 따로 주문해야 하는데 미리 원하는 커피 종류를 생각하고 주문해보자. 거리에 놓여 있는 테이블에 앉아 지나가는 사람을 구경하면서 여유로운 아침식사를 해보는 것도 좋다.

- **주소** Calle Concepción, 5, 14003 Córdoba
- **전화** +34 38 15 14 51
- **시간** 7:00~21:30
- **예산** 커피와 크루아상 세트 1.8유로~, 음료와 보까디요 세트 3유로~
- **추천메뉴** 미니 초콜릿 크루아상 Mini Croissant de chocolate, 까페 꼰 레체 Café con Leche (스페인식 카페라떼)

## 2 꼬르도바에서 놓치지 말아야 할 음료

### 1. 바로 짠 오렌지 주스

안달루시아에서 오렌지 나무를 보는 것은 어려운 일이 아니다. 길거리에 무심하게 심겨있는 나무도 알고 보면 오렌지 나무인 경우가 대부분이다. 스페인의 오렌지는 달고 과즙이 많아서 거리에서 바로 짠 오렌지 주스 한잔만으로도 여행의 피로가 상큼하게 풀리는 것 같다. 물론 길거리에 있는 오렌지 나무의 오렌지는 먹을 수 없을 정도로 시기 때문에 사용하지 않는다. 그러니 길거리에 잔뜩 보이는 오렌지를 왜 따먹지 않는지는 고민하지 않도록 하자. 맛있으면 남아 있을 리가 없으니깐 말이다.

#### 광장의 작은 오렌지 주스 리어카
그란 까삐딴 대로에 있는데 장소를 조금씩 옮긴다.
- 주소  Avenida del Gran Capitán, 14008 Córdoba
- 예산 1.20유로

### 2. 스페인식 미숫가루, 오르차따 Horchata

우리나라는 더울 때 설탕을 넣은 달콤한 미숫가루를 마신다. 쌀을 주원료로 만드는 스페인식 미숫가루 오르차따도 더운 여름 갈증 해소에 좋다. 쌀 음료와 맛이 비슷하고 취향에 따라서 초콜릿 아이스크림을 넣어서 마시기도 한다. 여름철에만 판매하므로 기회가 되면 꼭 마셔보자. 간판이 따로 없고 건물이 휑해서 지나치기 쉬우니 잘 살펴보자.

#### 과달끼비르 강가의 아이스크림 집에서 발견한 반가운 오르차따
- 주소  Ronda de Isasa, 2, 14003 Córdoba
- 예산 3유로

### ③ 꼬르도바 전통 따빠스 살모레호와 플라멘낀
### 따베르나 살리나스
### Taberna Salinas

살모레호Salmorejo와 플라멘낀Flamenquin은 꼬르도바에서 태어난 대표 따빠스로 꼬르도바의 음식점에 꼭 있는 메뉴다. 살모레호는 스페인의 전통 여름 수프인 가스파초Gazpacho(토마토 냉수프)와 비슷하지만 빵을 더 갈아넣고 삶은 달걀이나 얇게 썬 하몽을 올려서 먹는. 우리나라의 죽과 비슷한 것이며 플라멘낀은 돈가스와 비슷한 따빠스로 스페인의 전통 햄인 하몽으로 돼지등심을 한 번 감싼 뒤 달걀물에 묻혀 튀긴 것이다.

이 두가지는 꼬르도바의 전통 따빠스인 만큼 이왕이면 꼬르도바의 오래된 식당에서 먹어보고 싶어서 1879년에 오픈한 따베르나 살리나스 레스토랑을 찾았다. 꼬르도바의 전통 양식으로 지어진 가정집 레스토랑으로 천장이 막혀있는 빠띠오에서 식사를 할 수 있다. 천장이 막혔다고 해도 워낙 층고가 높고 빛이 밝게 들어와서 전혀 답답하지 않다.

- **주소** Calle de Tundidores, 3, 14002 Córdoba
- **전화** +34 957 48 01 35
- **시간** 12:30~16:00, 20:00~23:30 (일요일 휴무, 8월 휴가)
- **예산** 20유로~
- **추천메뉴** 살모레호Salmorejo와 플라멘낀Flamenquin

### 따베르나 살리나스 레스토랑에서 알려주는 살모레호 만드는 방법

**준비물** 빵가루 750g, 토마토 500g, 올리브오일 120㎖, 삶은 달걀 2개, 마늘 2알, 소금, 식초

1. 토마토를 살짝 데치고 껍질을 벗긴다.
2. 올리브오일과 토마토, 마늘을 넣고 믹서로 간다.
3. 빵가루와 소금을 넣고 잘 섞으면서 취향에 따라 식초를 넣는다.
4. 삶은 달걀을 위에 얹는다.

### ④ 가장 큰 또르띠야를 만드는
### 산또스 바
*Bar Santos*

크고 맛있는 또르띠야를 만드는 바로 유명하다. 또르띠야는 스페인식 오믈렛으로 감자와 달걀을 반죽해 팬에 케이크처럼 굽는 요리다. 두껍기 때문에 뒤집을 때 접시를 이용해야 한다. 맛이 특별하다기보다 크고 다양한 또르띠야가 있어서 유명해졌다.

- **주소** Calle Magistral Gonzalez Francés, 3, 14003 Córdoba
- **시간** 10:00~24:00
- **예산** 따빠스 2유로~
- **추천메뉴** 또르띠야 산또스 Tortilla Santos(산또스 바의 감자 오믈렛)

### ⑤ 자몽향이 나는 수제 맥주가 있는
### 깔리파
*Califa*

천천히 정성 들여 만든 특별한 맥주를 파는 곳이다. 세련된 감각의 패키지에 담긴 맥주는 파티에 빠지지 않는 선물이라고 한다. 네 가지 종류의 수제 생맥주는 각각의 개성을 담고 있다. 모두 깔끔하면서 독특해서 계속 마시게 된다. 인심 좋은 안달루시아의 바답게 맥주를 주문하면 작은 따빠스를 제공한다.

- **주소** Calle Juan Valera, 3, 14003 Córdoba
- **시간** 월~목 11:00~16:00, 19:00~02:00
  금~토 11:00~2:00 일 11:00~16:30
- **예산** 깔리파 생맥주 2유로~, 병맥주 5유로~
- **추천메뉴** 루비아 Califa Rubia(깔끔한 목넘김이 좋은 기본 맥주), 모레나 Califa Morena(캐러멜 향이 나는 부드러운 흑맥주), 뜨리고 림피오 Califa Trigo Limpio(가장 인기가 좋은, 자몽향이 나는 맥주), 이파 Califa IPA(오래 전 인디아 사람들의 맥주 제조 방식을 연구한 것으로 도수가 높고 강한 맛이 나는 맥주)

**6** 천장이 높은 빠띠오에서 먹는 따빠스
### 따베르나 라 몬띠야나
*Taberna la Montillana*

벽마다 투우사의 모습을 그린 그림이 멋스럽게 걸려있고 높은 천장이 시원한, 전형적인 안달루시아의 빠띠오 주택을 개조한 레스토랑이다. 와인 종류가 다양하고 점심과 저녁 사이에 문을 닫는 시간은 없지만 오후 4시에서 8시 사이에는 간단한 따빠스 종류만 제공되니 참고하길.

- **주소** Calle San Álvaro, 5, 14001 Córdoba
- **시간** 12:00~1:00
- **예산** 따빠스 3유로~, 메인 접시 8유로~
- **추천메뉴** 치피로네스 프리또스 Chipirones Fritos(꼴뚜기 튀김), 우에보스 로또스 꼰 빠빠스 꼰 하몽 이베리꼬 Huevos rotos con "Papas" con Jamon Iberico(달걀 반숙, 감자튀김과 잘게 자른 하몽을 비벼서 먹는 따빠스)

# 유대인 지구, 후데리아
## Judería

Theme 5

    이슬람 시대에는 유대인을 포용하는 정책을 펼쳐 많은 유대인이 이베리아 반도로 유입됐다. 당시 유대인은 대부분 지식인이거나 상업으로 부를 축척한, 소위 중산층 이상의 생활을 했다. 그라나다를 끝으로 이슬람 시대가 끝나자 가톨릭으로 개종하는 유대인들이 생겨났고 부는 가지고 있었지만 사회적으로 인정받지 못한 그들은 가톨릭 가문과 결혼하여 신분상승을 꾀하기도 했다. 본격적으로 유대인 탄압이 시작될 무렵 많은 유대인들은 이베리아 반도를 떠났고 남은 후손들을 쎄파르디Sefardi라고 부른다.

    알모도바르 문Puerta Almodovar을 지나 들어간 유대인 지구의 좁은 골목들 사이로 그림자가 길게 늘어져 있다. 결국엔 환영받지 못하고 떠났던 유대인들은 삶의 희망을 매달듯 하얀 벽에 화분을 걸었다. 쫓기듯 떠난 유대인 지구의 아름다운 꽃길 덕분에 그들을 쫓아낸 스페인에 수많은 관광객이 들어오고 주요 수입 수단이 되었다는 사실이 참 아이러니하다.

# 유대인 지구 후데리아 걷기

### A 옛 꼬르도바의 성곽 문
**알모도바르 성문**
*Puerta de Almodovar*

이슬람 시대의 건축양식인 아치형의 문을 가톨릭 시대에 사각형의 문으로 바꾼 흔적이 보이는데 이 문을 나서면 유대인 지구가 시작된다.

### B 유대인 회당
**시나고가**
*Sinagoga*

스페인에 남아있는 회당 중에 가장 오래된 곳으로 유대인들의 종교와 교육의 중심이었다.

- **주소** Calle de los Judíos, 20, 14004 Córdoba
- **전화** +34 957 20 29 28
- **시간** 화~토 9:00~14:00, 15:30~17:30 일·공휴일 9:00 ~ 14:30 (월요일 휴무)
- **입장료** 0.30유로

C 후데리아 지구의 가장 아름다운 빠띠오
**쏘꼬 무니씨빨**
*Zoco Municipal*

2층 건물에 사각형의 넓은 빠띠오가 있는 후데리아 지구의 전통 주택이다. 2층으로 올라가는 계단에는 파란 화분이 잔뜩 걸려있다. 1층에는 대대로 이어지는 수공예 공방이 있으며 각 공방의 특색 있는 액세서리나 가죽제품 등을 구입할 수 있다.

- 주소 Calle de los Judíos, s/n, 14004 Córdoba
- 전화 +34 957 20 40 33
- 시간 3~11월 10:00~20:00
  12~2월 월~금 10:00~19:00 토~일 9:00~14:30

D 율법학자
**마이모니데스**
*Maimonides*

꼬르도바 태생의 율법학자이자 철학자로 꼬르도바에서 마지막 랍비를 배출한 가문이다. 유대인이 박해받던 시절 이집트로 망명하여 의사로 활동하다가 생을 마감하였다.

- 주소 Plaza Maimónides, 4, 14004 Córdoba

**DAY 5**

# cádiz
까디스

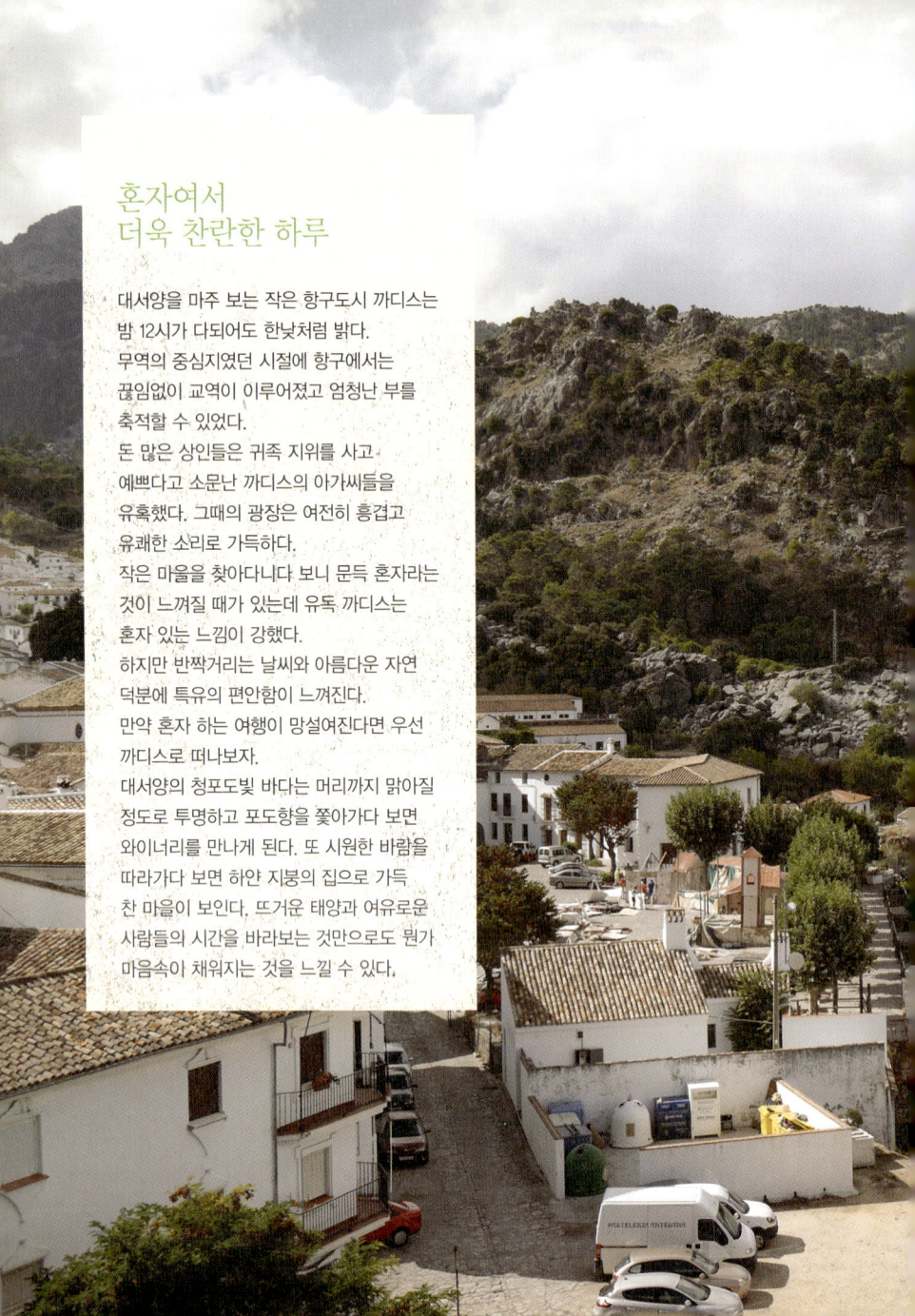

## 혼자여서
## 더욱 찬란한 하루

대서양을 마주 보는 작은 항구도시 까디스는
밤 12시가 다되어도 한낮처럼 밝다.
무역의 중심지였던 시절에 항구에서는
끊임없이 교역이 이루어졌고 엄청난 부를
축적할 수 있었다.
돈 많은 상인들은 귀족 지위를 사고
예쁘다고 소문난 까디스의 아가씨들을
유혹했다. 그때의 광장은 여전히 흥겹고
유쾌한 소리로 가득하다.
작은 마을을 찾아다니다 보니 문득 혼자라는
것이 느껴질 때가 있는데 유독 까디스는
혼자 있는 느낌이 강했다.
하지만 반짝거리는 날씨와 아름다운 자연
덕분에 특유의 편안함이 느껴진다.
만약 혼자 하는 여행이 망설여진다면 우선
까디스로 떠나보자.
대서양의 청포도빛 바다는 머리까지 맑아질
정도로 투명하고 포도향을 쫓아가다 보면
와이너리를 만나게 된다. 또 시원한 바람을
따라가다 보면 하얀 지붕의 집으로 가득
찬 마을이 보인다. 뜨거운 태양과 여유로운
사람들의 시간을 바라보는 것만으로도 뭔가
마음속이 채워지는 것을 느낄 수 있다.

# 까디스
## 시내 지도

## 까디스 산책로 (189쪽 참고)

- **A.** 초록색   구시가지 길 (1.8km)
- **B.** 주황색   까디스의 테두리를 따라 걷는 길 (7km)
- **C.** 보라색   17~18세기의 까디스의 자취를 따라 걷는 길 (2.8km)
- **D.** 파란색   1812년 시민저항군의 흔적을 따라 걷는 길 (2.2km)

**C.** Calle
**Av.** Avenida
**Pl.** Plaza

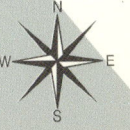

# 까디스 기본 정보
## Cádiz

### 날씨

열대지중해성 날씨로 일 년 내내 태양이 강렬하다. 겨울에도 10~15도 사이라 여행하기 좋다. 반면 한여름에는 평균 35도를 넘어서 7~8월은 피하는 것이 좋다. 물론 뜨거운 태양 아래 누워 구릿빛 피부를 만들고 싶다면 여름에도 최고의 도시다.

### 교통

쎄비야에서 기차나 버스를 이용하면 약 1시간 40분 정도 소요된다. 쎄비야까지 가는 교통편이 많은 편이어서 다른 유럽 국가나 스페인의 다른 도시로 이동할 경우 쎄비야로 가서 움직이는 것이 편하다.

#### 까디스에 드나드는 방법

**기차** 약 1시간 30분 소요, 왕복 13유로~
**버스** 약 1시간 50분 소요, 편도 13.45유로

#### 까디스 터미널
Estación de Cádiz

기차역과 버스터미널이 함께 있다. 구시가지까지는 도보로 10분 정도 소요되며, 길이 넓고 깨끗한 편이라서 짐이 있어도 걸어서 이동하기 쉽다.
- **주소** Plaza de Sevilla, s/n, 11008 Cádiz

### 인포메이션 센터

#### 깔레따 해변 인포메이션 센터
깔레다 해변에 있는 간이 건물로, 문을 닫는 시간이 많으니 되도록 메인 인포메이션 센터를 이용할 것을 추천한다.
- **주소** Paseo Antonio Burgos, s/n
- **시간**
10월~5월 월~목 8:30~15:00, 16:30~18:00
금 8:30~18:00 주말 및 공휴일 9:00~17:00
6월, 9월 9:00~19:00
7월, 8월 10:00~20:00

#### 메인 인포메이션 센터
- **주소** Paseo de Canalejas, s/n, 11001 Cádiz
- **시간**
여름 월~금 9:00~19:00
주말 및 공휴일 9:00~17:00
겨울 월~금 8:30~18:30
주말 및 공휴일 9:00~17:00

## 숙박

### 1. 아뜰란띠꼬 빠라도르 호텔
Parador Hotel Atlantico

현대적인 빠라도르 호텔로 대서양의 푸른 바다가 한눈에 보이는 곳에 자리 잡고 있다. 호텔을 나서면 바로 유럽의 하바나라고 불리는 깔레따 해변이 펼쳐진다. 호텔 레스토랑에서는 까디스 전통 따빠스 요리를 선보인다.
- **주소**  Avenida Duque de Nájera, 9, 11002 Cádiz
- **전화**  +34 954 97 90 09
- **예산**  트윈룸 기준 290유로~
- **인터넷 사용**  공공 이용 시설 무료 와이파이
- **홈페이지**  www.parador.es
- **메일**  cadiz@parador.es

### 2. 몬테 뿌에르따 띠에라 호텔
Hotel Monte Puerta Tierra

까디스 구시가지에서 도보로 약 20분 정도 소요되지만 해변을 따라 산책하면서 여유를 즐기기엔 충분하다. 시내 중심지가 아니기 때문에 객실의 크기도 큰 편이여서 휴식을 취하기에 좋고 유기농 아침식사가 제공된다.
- **주소**  Avenida de Andalucía, 34, 11008 Cádiz
- **전화**  +34 956 27 21 11
- **예산**  트윈룸 기준 조식 뷔페 포함 1박 120유로~
- **인터넷 사용**  호텔 전 구역 무료 와이파이
- **메일**  puertatierra@hotelesmonte.com

### 3. 에어비앤비

까디스처럼 작은 휴양도시는 저렴한 가격에 안달루시아 전통주택을 빌릴 수 있다. 나는 운이 좋아서 방 하나를 예약했는데 집 전체를 혼자 사용했다. 한여름의 성수기가 아닌 이상 에어비앤비를 통해서 집을 구하는 것이 어렵지 않을뿐더러, 시장에서 싱싱하고 좋은 재료를 사서 직접 음식을 해먹을 수 있는 장점이 있다.
- **홈페이지**  www.airbnb.com

## 까디스에서 꼭 사야 하는 세 가지

**1.** 다양한 가죽 가방이 있는 곳
　　**따예르 9** Taller 9

가죽 가방부터 그릇, 장식품, 액세서리 등 없는 것이 없는 잡화점이다. 기념품이나 선물을 구입하고 싶다면 구경가보자.
- **주소**　Compañia, 6, 11008 Cádiz
- **전화**　+34 956 21 29 52

**2.** 까디스의 뜨거운 태양 아래 어울리는 옷
　　**판타시아스** Fantasias

아프리카와 마주 보고 있는 만큼 까디스의 태양은 안달루시아 내에서도 차원이 다르다. 한국에서는 입어보기 쑥스러운 집시풍의 옷을 구입해보자. 로마에 가면 로마법을 따르듯이 더운 날씨와 뜨거운 태양 아래 입을 만한 시원하면서 편한 옷이 많다. 질이 좋은 옷이 아닌 만큼 가격도 저렴하다. 여행 중 기념으로 구입할 만하다.
- **주소**　Compañia, 17, 11008 Cádiz
- **전화**　+34 956 22 15 59

### 3. 까디스의 카카오로 만드는 초콜릿 가게
**빤끄라씨오** Pancracio

까디스의 카카오로 만드는 초콜릿 가게로 아이스초코 음료부터 선물용으로 좋은 디저트까지 있다. 디자인에 신경을 많이 쓴 브랜드라 선물용으로 구입해도 훌륭하다. 물론 맛도 뛰어나서 현지인들에게 인기가 많다.

- **주소**   Calle José del Toro, 2, 11001 Cádiz
- **전화**   +34 956 22 02 64
- **홈페이지**   www.pancracio.com

# 청포도색 바다를
# 따라 걷는 날

*Playas de Cádiz*

Theme 1

    10월 중순이 가까운데도 까디스의 태양은 여전히 뜨겁다. 아프리카와 마주 보고 있는 도시라는 게 새삼 실감이 난다. 까디스에서의 생활은 단순하다. 아침에 일어나면 씻지도 않고 집 앞 카페에 앉아 바삭하게 구운 모예떼 빵 위에 토마토와 올리브오일을 잔뜩 올리고 바로 짠 오렌지 주스와 먹는다. 뜨거운 태양 아래 초콜릿처럼 태운 몸매 좋은 스페인 남자도 구경하고 책도 보면서 시간을 보내다가 슬슬 숙소로 돌아간다. 카메라와 지도를 챙겨서 다시 나오지만 뭔가 계획이 있는 것도 어딜 가야 하는 것도 아니다. 슬렁슬렁 해변을 돌아다니다가 배가 고프면 주변에 보이는 곳에 들어가서 생선튀김과 화이트와인을 마신다. 아무것도 하지 않은 하루 같지만 이것만으로도 까디스를 즐기기에는 충분하다.

# 까디스 산책 1
## 유럽의 하바나
## "깔레따 해변"

영화 〈007 어나더 데이Die another Day〉의 촬영지이기도 한 깔레따 해변La Caleta은 까디스 사람들이 가장 좋아하는 휴식 공간이다. 점심을 먹고 씨에스타를 즐기기도 하고 한가로운 오후에 누워서 책을 읽기도 한다. 그들에게 바닷가는 준비물이 이것저것 필요한 피크닉이 아니라, 언제든 티셔츠만 벗고 누운 채 순간을 즐기는 가벼운 휴식의 장소다. 물속이 다 보일 정도로 맑은 바닷물 위에는 알록달록 작은 배들이 떠있다.

### 깔레따 해변 근처의 이곳!

화이트와인에 비치는 바다를 바라보며
살룻Salud(건배)!

### 까디스의 아틀란띠코 빠라도르 호텔
*Parador Hotel Atlantico*

바다를 앞에 두고 와인 한잔하기에 이보다 더 좋은 곳이 있을까 싶다. 국가에서 운영하는 빠라도르 호텔의 바에서 간단한 따빠스와 함께 음료를 즐길 수 있다. 물론 식사도 가능하지만 바다를 바라보면서 와인 한잔 정도 마시면서 여유를 누리는 것을 추천한다. 화이트와인에 비친 바닷물의 색깔을 바라보고 있자니 시간 가는 줄 모르겠다.

- **주소** Avenida Duque de Nájera, 9, 11002 Cádiz
- **시간** 11:00~24:30
- **예산** 와인 1잔 3유로, 런치 세트 30유로~

까디스 출신 플라멩코 가수
공연장에서 먹는 점심
## 뻬냐 플라멩까
## 후아니또 비야르
*Peña Flamenca Juanito Villar*

깔레따 해변의 입구 한쪽에 하얀 집이 있다. 까디스 태생 플라멩코 가수 뻬냐 플라멩까 후아니또 비야르가 운영하는 공연장으로 현지인들이 사랑하는 전통 플라멩코를 즐길 수 있다. 이곳은 식당으로도 운영되어 깔레따 해변에서 마음껏 까디스의 태양을 즐기다가 생선튀김이나 빠에야 등을 맛보기에도 좋다.

- **주소** Paseo Fernando Quinones, s/n, Cádiz
- **시간** 12:00~17:00, 20:30~24:30
- **공연시간** 금 21:00 (식사를 하면서 무료로 공연을 관람할 수 있다)
- **예산** 까디스 생선튀김류 6유로부터

꽃과 물소리, 바다와 하늘이 만나는 공원
## 헤노베스 공원
*Parque Genoves*

깔레따 해변을 따라 까디스의 대표 공원이 있다. 높은 야자나무가 시원한 그늘을 만들고 할아버지들이 소년처럼 웃으며 게임을 하는 곳이다. 꽃으로 엮은 길을 지나면 하늘과 만나는 듯한 바다가 보인다. 왕궁의 정원처럼 화려하지 않아도 아름다운 공원은 걷는 것만으로도 충분히 기분이 좋아진다.

- **주소** Avenida Dr. Gómez Ulla, 13, 11003 Cádiz

해적의 침입을 막아내던 곳
## 싼 쎄바스티안 성
*Castillo de San Sebastian*

깔레따 해변의 끝자락, 바다 한가운데 싼 쎄바스티안 성이 있다. 마치 하늘에 닿을 것 같은, 이 성으로 향하는 길은 사랑하는 연인과 산책하는 사람들, 낚시하는 사람들로 언제나 가득하다. 밤이 되면 제방의 가로등이 불을 밝히고 바다는 더욱더 반짝인다. 대서양의 바람이 불어오는 곳에 앉아 파도소리를 듣다 보면 그 어떤 연주보다 황홀하다.

- **주소** Paseo Fernando Quinones, Cádiz

## 까디스 산책 2
### 그곳에 가면 언제나 맛있는 냄새가 난다
## "아바스토스 시장"

까디스에 간다는 얘기를 들은 지인은 아무 데나 들어가도 다 맛있는 도시라고 이곳을 소개했다. 안달루시아의 어느 도시도 인구 15만 명의 작은 항구도시인 까디스만한 곳은 없다기에 뭔가 대단한 요리가 있을 것이라 기대했다. 하지만 가게마다 생선튀김. 그릴에 구운 생선, 생선을 이용한 수프 등 다른 도시에서 많이 봤던 생선요리뿐이다. 별거 없군, 하고 다른 테이블마다 있는 모둠생선튀김을 주문했다. 역시나 익숙한 모양의 생선튀김 하나를 집어들었다. 이럴 수가. 너무 맛있다. 뭐가 다른 건가 생각을 해봐도 다를 것이 없는 생선튀김인데 이렇게 맛있다니. 게다가 양도 푸짐하다. 그 누구도 '상그리아 한 잔 더'의 유혹을 뿌리치기 쉽지 않다.

모름지기 그 지역 맛의 원천은 시장이 아닐까? 이 맛있는 도시에서 꼭 가봐야할 곳은 바로 아바스토스 시장이다. 싱싱한 해산물과 다양한 열대과일이 잔뜩 쌓여있는 시장의 아침은 언제나 활기차다. 장을 보러온 까디스 시민과 여행자로 항상 북적인다.

### 아바스토스 시장
*Mercado Abastos*

- **주소** Plaza Libertad, 11002 Cádiz
- **시간** 월~토 9:00~15:00

## 시장 구석구석 엿보기

**밤이 되면 열리는 도깨비 시장 안에서
마시는 까디스 맥주**
118번 부스의 맥주가게

- 주소  Plaza Libertad, 11002 Cádiz
- 시간  화~토 18:00~24:00 (공식 오픈 시간은 저녁 6시이지만 보통 8시는 돼야 문을 연다)
- 예산  생맥주 2유로~

아침에 열리는 시장은 점심 때쯤 문을 닫고 밤이 되면 다시 활기를 찾는다. 아침에는 생선가게, 채소가게, 정육점 등의 식자재를 파는 시장이지만 밤이 되면 이름도 없는 118번 부스의 맥주가게가 문을 연다. 까디스 지방의 생맥주는 물론이고 다양한 병맥주가 있다. 커피를 테이크아웃하듯 맥주 한잔을 받아들고 까디스의 야경을 구경하니 도시가 더 반짝이는 듯하다.

### 시장 옆에 있는 가게는 언제나 맛있다
**바하 마르 레스토랑**
*Restaurante Bajamar*

나의 대학교 친구 알바는 시장 옆 음식점은 재료가 신선해서 어디든 맛있다는 소리를 자주 했다. 그래서 여행을 할 때 주로 시장 근처의 가게에 들어가는 편인데 역시 만족도가 높다. 아바스토스 시장 바로 옆에 위치한 바하마르 레스토랑은 커피와 추로스를 먹는 사람부터 와인과 요리를 먹는 사람 등으로 언제나 북적인다. 시장 옆의 음식점들이 그렇듯 메뉴도 다양하고 저렴하다. 뭐든 다 있는 레스토랑이다. 싱싱한 생선을 진열해놓고 원하는 방식으로 조리해준다. 매주 수요일 오후 5시부터 디저트로 추로스를 서비스한다.

- **주소** Calle Libertad, s/n, 11005 Cádiz
- **전화** +34 956 22 37 80
- **시간** 월~토 8:00~24:00 (시장 주변의 음식점은 시장이 문을 닫는 일요일에는 영업을 하지 않는 곳이 많다)
- **예산** 모둠생선튀김 10유로~, 2인용 해산물 요리 30유로~
- **추천메뉴** 모둠튀김 Frito surtido

### 최고의 간식 추로스
**츄레리아 라 구아빠**
*Churreria la Guapa*

스페인 사람들의 최고의 간식인 추로스, 안달루시아를 방문했다면 꼭 먹어보자. 진한 초콜릿에 찍어서 먹는 추로스는 술 마신 다음 날 해장으로도 인기가 좋다. 스페인은 노점에서 음식을 팔지 않는데 유일하게 있는 노점이 추로스 가게다. 예전에 살던 바르셀로나에는 겨울이 되면 트럭을 개조해서 만든 추로스 트럭이 나타나고는 했는데 까디스의 시장 앞에도 컨테이너 추로스 가게가 인기다. 한국에도 추로스 가게가 많지만 스페인의 추로스는 생각보다 더 기름내가 난다. 튀김 기름이 우리나라처럼 깨끗하지만은 않은데 그래서 더 맛있는 거라고 그들은 주장한다. 정확한 오픈 시간이 정해진 것도 아니고 주소가 있지도 않지만 시장을 간다면 한번 찾아보자. 바하마르 레스토랑과 시장 사이에 위치해 있는데 멀리서 봐도 줄이 길게 있어서 찾기 어렵지 않을 것이다. 추로스는 kg당 가격이 적혀있지만 섣불리 kg으로 시키지 말고 1~2유로 선에서 구입하면 적당하다.

## 까디스 산책 3
### 꽃의 광장
# "또뻬떼 광장"

현지인들은 꽃의 광장Plaza de las Flores으로 부르는 것이 더 익숙한 또뻬떼 광장Plaza de Topete은 이전에 꽃을 파는 상점이 가득했다고 한다. 지금도 꽃을 파는 상점들이 남아있다. 맞은편으로 이어지는 꼴루멜라 거리Calle Columela는 익숙한 싸라Zara 등의 브랜드 매장이 즐비하고 작은 편집숍이 많아 쇼핑하기 좋은 거리로 통한다.

- **주소** Plaza de Topete, s/n, 11005 Cádiz

### 또뻬떼 광장 근처의 이곳!

**현지인이 뽑은 최고의 해산물 튀김집**
## 프레이두리아 라스 플로레스
*Freiduria las Flores*

5시쯤 가게로 들어가니 여유롭게 맥주 한잔하시는 동네 할아버지들로 북적인다. 한편에서는 네 명의 할아버지가 이야기를 나누면서 각자 맥주를 주문하자 손자뻘 되는 종업원은 제발 한꺼번에 주문해 달라면서 익숙한 듯 투덜거린다. 씨에스타 때 대부분의 식당은 문을 닫지만 이곳은 하루 종일 운영한다. 대신에 점심저녁 시간 외에는 간단한 따빠스와 음료만 판매한다. 현지인이 뽑은 최고의 해산물 튀김집이라고 하니 식사 시간에 맞춰서 가는 것이 좋다. 저녁 식사 시간(19:00~24:00)에 가면 모든 메뉴가 준비되어있어 좋다.
해산물이나 따빠스 종류를 진열해놓기 때문에 언어가 되지 않아도 손으로 집으며 주문하면 되지만 원래 친절한 편은 아니니 주눅 들지는 말자. 테이크아웃이 가능하다.

- **주소** Plaza Topete, 4, 11001 Cádiz
- **전화** +34 956 22 61 12
- **시간** 9:00~24:00
- **예산** 모듬생선튀김 10유로~, 해산물 튀김 종류 3유로~
- **추천메뉴** 모듬튀김 Frito surtido, 꼴뚜기 튀김 Chipirones Fritos, 갑오징어 튀김 Chocos Fritos

# 까디스 산책 4
## 작지만 아름다운 성당
## "까떼드랄 데 까디스"

노란 지붕의 까디스 성당은 18세기에 완공되었다. 다른 지역의 크고 화려한 성당보다는 규모가 작지만 바로크 양식의 우아함이 까디스의 편안함과 잘 어울린다. 성당 앞 광장에서는 크고 작은 행사가 열리고 오래된 할머니의 식당부터 젊은 감각의 바까지 있어 까디스 시민의 만남의 장소가 되기도 한다.

### 까떼드랄 데 까디스
*Catedral de Cádiz*

- 주소  Plaza de la Catedral, s/n, 11005 Cádiz
- 전화  +34 956 28 61 54
- 시간  월~토 10:00~19:00 일 13:00~19:00
- 입장료  5유로

### 까떼드랄 근처의 이곳!

마치 그림 같은 할머니 식당
### 메종 데 라 뽀사디야
*Mesón de la Posadilla*

성당을 지나쳐서 걷다 보니 한 할머니가 앞치마를 두른 채 건물 앞에 앉아있다. 그림 같은 모습의 할머니는 건너편에 있는 친구와 이야기를 나누고 있다. 가족 단위 손님이 많은 편이고 스페인 가정식의 요리를 맛볼 수 있다.

- 주소  Calle Posadilla, 1, 11005 Cádiz
- 전화  +34 956 26 53 39
- 시간  화~토 12:00~16:00, 20:00~24:00 일 12:00~16:00 (월요일 휴무)
- 예산  따빠스 3유로~, 해산물 요리 10유로~
- 추천메뉴  알메하스 알 아쎄이테 데 바에나 Almejas al Aceite de Baena (올리브오일로 조리한 대합 요리), 크로께따스 데 메히요네스 이 감바스 Croquetas de mejillones y gambas (홍합새우크로켓)

편안하게 즐기는 젊은 감각의 바

### 엘 따반꼬
*El Tabanco*

분홍빛의 건물 사이로 대충 칠해놓은 듯한 알록달록한 의자가 먼저 눈에 들어온다. 바닷가에서 슬슬 걸어와서 성당을 보고 앉아서 쉬기 좋다. 밤이 되면 각지에서 모인 젊은이들로 흥겨워진다.

- 주소  Calle Fabio Rufino, 6, 11005 Cádiz

## 까디스 산책 5
### 스페인 최초 민주헌법제정을 기념하다
# "스페인 광장"

---

스페인의 각 도시에는 스페인 광장이 있다. 대부분 도시의 중심지에 위치해서 시민들을 위한 다양한 행사를 여는데 까디스의 스페인 광장 Plaza España은 조금 다르다. 18세기 스페인 국력이 약해진 틈을 타서 주변국들의 침입이 빈번했을 무렵 시민들이 일어났다. 시민 저항군들은 까디스에 국회를 열고 까디스 헌법을 제정했고 스페인 최초의 민주주의적 시도로 스페인의 역사가 바뀌기 시작했다. 스페인 광장의 동상은 각각 의미를 지니고 있는데 왼쪽의 말을 타고 십자가를 든 모습은 평화를, 오른쪽의 말을 탄 모습은 전쟁을 의미한다고 한다.

## 까디스 산책 6
### 까디스 길바닥을 보면서
# "재미있는 산책하기"

인포메이션 센터에서 지도를 받으면서 추천 코스를 물어보았다. 바닥에 그려진 네 가지 색깔의 선 중 좋아하는 색을 따라가라는 말에 농담인가 하고 나오니 정말 바닥에 선이 그려져있다. 뭔가 마음이 편해지면서 까디스의 배려에 새삼 기분이 좋다. 지도를 보고 공부하며 돌아다녀야하는 다른 도시와는 다르게 말 그대로 놀면서 여기저기 구경하면서 다닐 수 있다니. 길치에 방향치인 나에게 이보다 더 좋은 여행 시스템은 없을 듯하다. 각각의 색깔은 테마를 가지고 까디스 시내에 펼쳐져있다. 중간중간 겹치는 장소들이 있어서 선들이 만나기도 하고 헤어지기도 하는데 마치 교통신호처럼 보인다. 이제 따라가보자. 낚시를 하는 가족을 만나기도 하고 선뜻 초리쏘 Chorizo (스페인 매콤한 햄)를 먹어보라고 건네는 시장 아저씨를 만나기도 하면서 까디스의 구석구석을 여유롭게 거닐어보자.

## 네 가지 색깔별 테마
(172~173쪽 지도 참조)

A. **초록색** 구시가지 길(1.8km)
  가장 짧은 길로 까디스의 오래된 구역을 따라가는 길이다.

B. **주황색** 까디스의 테두리를 따라 걷는 길(7km)
  가장 긴 코스로 해 질 녘 해변을 따라서 걷기 좋은 길로 전통 식사를 즐길 수 있는 곳이 꽤 있다.

C. **보라색** 17~18세기의 까디스의 자취를 따라 걷는 길(2.8km)
  시장을 비롯한 맛있는 산책 코스다. 밤에 따빠스가 생각난다면 이 길을 따라가자.

D. **파란색** 1812년 시민저항군의 흔적을 따라 걷는 길(2.2km)
  스페인 최초로 민주주의를 시도했던 까디스의 아픈 역사를 돌아볼 수 있다. 시민혁명이 빈번하게 이루어지던 때로 '게릴라'가 처음 시작되기도 했다.

# 와이너리 마을, 헤레스 데 라 프론떼라

Jerez de la Frontera

Theme 2

    까디스에서 기차를 타고 30분쯤 가면 술 익는 냄새가 가득한 마을, 헤레스 데 라 프론떼라Jerez de la Frontera에 도착한다. 긴 이름을 줄여서 대부분 헤레스Jerez라고 부르는데 헤레스는 셰리주Sherry의 정식명칭이기도 하다. 이 작은 마을에는 가족 단위의 작은 와이너리부터 스페인의 대표 와이너리까지 와이너리가 서울의 미용실만큼이나 흔하다. 길을 따라 걷다 보면 점점 포도향이 진해지는 끝자락에는 어김없이 와이너리가 나온다. 해마다 와인축제가 열려서 유럽 각지에서 많은 관광객이 찾아오기도 한다. 와인에 관심이 있다면 지나치기 아까운 도시다.

## 교통

### 까디스 공항-헤레스
- **기차**  약 10분 소요, 왕복 3유로~

### 까디스 공항-까디스
- **기차**  약 45분 소요, 왕복 5유로~

### 헤레스-꼬르도바
- **기차**  약 2시간 30분 소요, 왕복 15유로~

### 헤레스 기차역 Estación de Jerez de la Frontera
- **주소**  Plaza de la Estación, 0, 11401 Jerez de la Frontera Cádiz

## 렌터카로 주위의 작은 마을 여행하기

### 1. 국제면허증 발급
현지에서 운전할 때는 국제면허증과 한국의 면허증 둘 다 소지해야 한다.

### 2. 렌터카 예약
만약 수동 면허를 소지하고 있다면 저렴하게 차를 대여할 수 있다. 스페인의 경우 오토 차량이 많지 않고 차량이 기본적으로 중형급 이상이라서 렌트비가 많이 비싸다. 공항이나 중앙기차역에서 픽업하는 조건인 경우 그나마 오토 차량이 있을 확률이 높다.

* **렌터카 앱 사용하기** - Gold Car, Hertz, Europcar 등 등 많은 업체들이 있는데 앱을 이용해서 비교 구매할 수 있다. 장기간 대여할수록 가격은 저렴해진다.

### 3. 보험 들기
차를 대여할 때 보증금을 거는 방식이 가장 일반적인데 골드 카 Gold Car의 경우 보증금을 내지 않고, 100% 면책이 되는 상품이 있다. 초보운전자는 이 보험을 드는 것이 마음이 편할 것이다. 물론 보험료가 차량대여비보다 비싸서 배보다 배꼽이 큰 상품이 되겠다.

### 4. 내비게이션 이용
핸드폰의 구글맵은 한글도 지원하기 때문에 고급 사양은 아니지만 나름 편리하게 사용할 수 있다. 그리고 산속 마을을 찾아다니는 여정은 생각보다 단순하다. 어마어마하게 오르락내리락하고 구불거리는 선택을 해야하는 갈림길은커녕 반대편에서 차라도 올까봐 걱정이 되는 외길이다. 그나마 다행히 앞뒤로 차가 거의 없고 그냥 앞을 보고 가다가 목적지에 다왔다는 음성 안내에 따라 마을로 들어가면 그만이다.

# 와인 마을 헤레스 산책
## 포도에 포도를 더하다
## "헤레스"

---

셰리Sherry라는 이름이 더 익숙할 수도 있는 헤레스Jerez는 '와인의 숨겨진 보물'이라는 별명을 갖고 있는 헤레스 데 라 프론떼라Jerez de la Frontera 근처에서 생산되는 백포도로 만드는 특별한 술이다. 포도주와 브랜디를 혼합하여 만든 술로 향이 매우 뛰어나다. 건조한 피노Fino부터 묵직한 올로로소Oloroso, 달콤한 디저트 포도주 뻬드로 히메네스Pedro Ximenez까지 다양하다. 일반 와인보다는 도수가 높고 향이 진해서 처음 접하는 경우 힘들 수도 있지만 마실수록 매력이 넘치는 술이다.

## 헤레스를 즐기는 몇 가지 방법

### ① 가장 큰 셰리 와이너리
### 보데가 곤잘레스 비야스
### *Bodega Gonzales Byass*

띠오 뻬뻬Tio Pepe로 유명한 셰리 와이너리, 곤잘레스 비야스는 스페인 남자 곤잘레스Gonzales 가문과 영국 여자 비야스Byass 가문이 만나서 세워졌다. 언뜻 보면 로맨스가 있을 것 같은 조합이지만 곤잘레스 가문에서 비야스 가문의 여자가 못생겼다면서 일만 했다고. 철저하게 비즈니스 관계에서 이루어진 성공적인 브랜드 창업이라나. 투어 프로그램의 인도자였던 곤잘레스 가문의 남자의 입에서 나온 얘기라서 어디까지 믿어야 할지 모르겠다. 와이너리 투어는 예약제로 운영되며 관람시간보다 조금 여유 있게 도착하는 것이 좋다. 호텔에서는 여유 있게 나왔으나 길을 헤매는 바람에 관람시간에 늦어 입장하지 못한 것도 억울한데 돌아가는 길에 비가 쏟아져서 쓸쓸하게 다시 숙소로 돌아가는 일이 없으려면 말이다. 결국 나는 다음 날 다른 도시에 갔다가 다시 헤레스로 돌아와서 와이너리 관람을 했다. 얼마나 대단한지 보자며 들어갔지만 작은 꼬마기차를 타고 포도향이 가득한 곳을 다니니 기분이 스르르 좋아진다.

- 주소  Calle de Manuel María González, 12, 11403, Jerez de la Frontera, Cádiz
- 전화  +34 956 35 70 25
- 와이너리 투어시간 일 12:00, 13:00, 14:00
  11~5월 월~토 12:00, 13:00, 14:00, 17:00
  6~10월 월~토 12:00, 13:00, 14:00, 17:15
- 입장료  와인 2잔+와이너리 투어 10유로~, 와인 2잔+따빠스+와이너리 투어 15유로~
- 홈페이지  www.bodegastiopepe.com
- 이메일  reservas@gonzalezbyass.es

* 헤레스 지역에는 맛있는 따빠스 집이 많다. 그래서 와이너리에서 굳이 따빠스를 주문할 필요가 없다.
* 기념품 가게의 미니어처 셰리주 세트 투어는 셰리주를 두 잔씩 맛보면서 마무리된다. 출구 쪽에는 기념품 가게가 있는데 투어 프로그램 인솔자가 말한다. "취해서 기분 좋아서 이것저것 사라고 이렇게 코스가 짜 있는 거야. 많이는 사." 한국에 들어오지 않는 모델까지 총 6병의 작은 셰리주 세트는 선물용으로 좋다. 15유로짜리부터 있다.

## ② 셰리주와 함께 즐기는 따빠스
### 후아니또 바
*Bar Juanito*

동굴 같은 아치형의 터널을 통과하면 건물이 성벽처럼 둘러진 아늑한 공간에서 헤레스 전통 방식의 양배추수프를 맛볼 수 있는 집이 있다. 헤레스에 가면 꼭 먹어봐야 하는 수프로 채소수프를 생각하면 오산이다. 콩과 초리쏘 등을 넣고 양배추로 만든 수프는 언뜻 짬뽕과도 비슷하다. 셰리주 한잔과 함께 즐기다 보면 몸도 마음도 따듯해짐을 느낀다. 반쯤 깔린 타일 벽에 걸려있는 그림과 빨간 의자가 잘 어울린다. 입구에는 간단하게 서서 따빠스와 음료를 즐길 수 있는 바가 있고 안으로 들어가면 식사를 하는 널찍한 공간이 있다.

- 주소  Calle de Pescadería Vieja, 8, 11403 Jerez de la Frontera, Cádiz
- 전화  +34 956 34 12 18
- 시간  월~토 12:00~17:00, 20:00~24:00
  일 12:00~17:00
- 예산  양배추수프 4유로~, 솔레라 셰리주 1잔 2유로~
- 추천메뉴  솔레라 셰리주 Copa Solera, 양배추수프 la Berza

### ❹ 건물 외벽의 디저트 가게
### 라 로싸 데 오로
*La Rosa de Oro*

건물의 외벽을 그대로 살린 인테리어로 고성 안에 있는 것 같은 느낌이 드는 인기 디저트 가게다. 1928년에 문을 연 이곳은 아이스크림부터 케이크, 초콜릿까지 전통 디저트를 판매한다. 밤이 되면 건물 외벽이 조명빛을 환하게 받아서 가게 전체가 마치 유물들이 들어있는 박물관 장식장처럼 보일 지경이다.

- **주소** Calle Consistorio, 7, 11402 Jerez de la Frontera, Cádiz
- **전화** +34 956 33 84 08
- **예산** 아이스크림 3유로~

### ❸ 현지인이 즐겨 찾는 푸짐한 따빠스 집
### 메쏜 데 라 바이아
*Meson de la Bahia*

점심시간이 훌쩍 지난 4시에도 테라스에는 맥주와 따빠스를 즐기는 사람들로 가득하다. 따빠스 종류도 많고 가격과 맛 모두 괜찮은 편이어서 헤레스 시민의 사랑을 받는 곳이기도 하다. 시원한 상그리아와 따빠스의 조합이 잘 어울려서 나도 모르게 추가 주문을 하게 된다.

- **주소** Calle Remedios 2-4, 11402 Jerez de la Frontera, Cádiz
- **전화** +34 956 32 26 58
- **시간** 13:00~17:00, 20:30~24:00
- **예산** 따빠스 2유로~, 런치 세트 12유로~, 음료 1.5유로~
- **추천메뉴** 토마토 대구조림 Bacalao con Tomate, 등심 따빠스 Solomillo Tapa(혼자서 스테이크를 먹자니 양이 부담스럽다면 따빠스로 주문하자)

# 산속 하얀 마을 이야기, 로스 뿌에블로스 블랑꼬스

Theme 3

Los Pueblos Blancos

까디스의 산맥을 끼고 하얀 마을 Los Pueblos Blancos이 있다. 태양과 가까워서 조금이라도 더위를 피하기 위해 하얀색으로 집을 지은 작은 마을은 자연과 공존하면서 뛰어난 공예기술을 발전시켰다. 정치적 전쟁이나 외부의 침입이 있을 때도 산골 오지의 마을은 피해를 보지 않은 덕분에 옛 모습 그대로 보존되어 있는 편이다.

하얀 마을을 돌아보기 위해서는 렌터카를 이용하는 것이 좋다. 각 마을마다 거리가 멀지 않을뿐더러 머물렀다가 가기에 좋은 마을이기 때문에 1박 2일 정도로 코스를 짜면 여유롭게 다닐 수 있다. 쎄비야처럼 평지인 도시나 까디스, 말라가처럼 바닷가 도시들을 보다가 높은 산으로 둘러싸인 마을에 오니 기분도 색다르고 상쾌하다. 혹시 외국에서 운전해서 여행하는 것을 꿈꾸지만 용기가 안 생긴다면 이 테마를 꼭 읽기 바란다. 이 글을 다 읽을 때면 두려움은 설렘으로 변할 것이다.

# 산속의 아기자기한 마을 산책 1
## 명품 브랜드가 선택한 가죽공예의 마을
# "우브리께"

---

우브리께Ubrique 마을로 들어서니 산 아래의 하얀 집들이 엽서에서나 본 듯한 풍경이다. 여기저기 살펴보다가 마을 초입의 한적한 길에 주차를 하고 내리는 순간 뒤에서 한 할아버지가 소리친다. "거기 주차 금지 구역이야! 벌금 무니까 딴 데로 가!" 외국인에게 벌금을 물리는 것이 쉬운 일이 아니라는 건 알고 있지만 혹시라도 차를 견인할까 봐 다시 차에 올랐다. 결국 주차를 다시 하기까지 30분이 걸렸다. 생각보다 주차할 곳이 많지 않으니 눈치껏 세워야 한다.

로에베, 디올, 지방시, 빅토리오 앤 루치노 등 최고 중에서도 최고의 가죽을 고집하는 명품브랜드가 선택한 우브리께 마을의 가죽공예는 이전부터 유명했다고 한다. 마을의 입구부터 수공예 가죽제품을 파는 상점이 시작된다. 단체로 아울렛 여행을 하는 것 같은 유럽의 어머님 단체도 눈에 띈다. 가게에 들어가니 가죽으로 만든 가방부터 지갑, 신발, 액세서리까지 없는 것이 없다. 이리저리 둘러보다가 별다른 장식도 없고 남은 가죽끈으로 만들어놓은 것 같은 팔찌가 맘에 들어 구입을 하고 그 자리에서 착용했다. 가죽끈을 다 조였는데도 누가 봐도 커 보일 정도. 직원인 듯한 스페인 청년이 진지한 얼굴로 걱정하지 말라며 집에 가서 끈을 좀 잘라서 불로 지져서 끝부분이 더 헤지지 않도록, 어쩌고저쩌고…. 걱정 마. 환불 안 할거야.

### 우브리께에서 수공예 가죽제품 쇼핑하기!

우브리께에 있는 상점 중 반 이상은 가죽제품을 판매하는 곳이다. 비슷한 제품이 있는 곳도 많고 디자이너가 자체 개발한 상품을 파는 곳도 있다. 우브리께 마을 입구부터 양쪽으로 상점이 쫙 늘어서있으니 마음이 끌리는 대로 한 군데씩 들어가 보길.

**몰레로 삐엘**
*Molero Piel*
- 주소  Avenida Solis Pascual 30, 11600 Ubrique, Cádiz

**데 알렉산드라 삐엘**
*De Alexzandra Piel*
- 주소  Juan XXIII, 2, 11600 Ubrique, Cádiz

**호르헤 루이스 곤잘레스 또레스**
*Jorge Luis Gonzalez Torres*
- 주소  Avenida Solis Pascual 43, Ubrique, Cádiz

**삐엘 갈반**
*Piel Galvan S.L*
- 주소  Julio Romero de Torres 11B, Ubrique, Cádiz

**아베쎄 삐엘**
*ABC Piel*
- 주소  Avenida Solis Pascual 26, Ubrique, Cádiz

## 산속의 아기자기한 마을 산책 2
### 까디스 주에서 가장 작은 치즈 마을
# "로사리오"

우브리께 마을에서 30분 정도를 달리니 까디스 주에서 가장 작은 로사리오 마을Villaluenga del Rosario에 도착했다. 스위스도 인정하는 치즈를 만든다는 이 작은 마을의 조용하기만 한 골목을 따라가다 보니 동네 청년 대여섯 명만 놀이터에 앉아있다. 치즈 공장이 어디냐고 물어보고 싶은데 너무 신기하게 쳐다보기에 우선은 지나쳐 걸어갔다. 또 다른 누군가를 마주치길 기대하면서 걸어갈수록 마을은 고요하기만 하고 비도 조금씩 떨어진다. 결국 그 동네 청년들에게 말을 걸기로 결심을 하고 돌아가 조심스럽게 인사를 건넨다.
"올라! 이 마을이 치즈가 유명하다고 해서 왔는데 어디로 가야 치즈를 볼 수 있어?" "마을을 들어오던 입구 맞은편에 치즈 공장이 있어." 그때 그렇게 찾을 때는 안 나타나던 마을 아주머니가 나타났다. 냄비 가득 토마토소스 미트볼을 들고. "너네 밥 먹으러 집에 안 들어가고 또 몰려서 시시덕거리고 있는 거야? 엄마들 기다리잖아, 빨리 들어가. 미트볼 많이 했는데 혹시 먹을 사람?" "여기 동양 애가 치즈 공장 보러 왔대." 그제서야 아주머니는 나를 바라본다. "빨리 가야 해, 십 분 있으면 점심시간이라 문 닫아. 그러면 한 시간 기다려야 들어갈 수 있어." 고맙다는 인사를 하고 정신 없이 뛰어 내려가니 운전하고 들어왔던 길 옆으로 치즈 공장이 있었다.
공장은 생각보다 크지도 작지도 않았는데 치즈를 살 수 있는 작은 상점이 공장 입구에 있다. 사람이 들어가니 딩동하고 벨소리가 나고 공장 안에 있던 직원이 나왔다. 뛰어오느라 헉헉대는 나를 보고 흠칫 놀란다. 염소치즈는 좋아하지 않으니 냄새가 적고 순한 맛을 추천해달라고 해서 치즈를 사서 나오는데, 치즈를 추천해주던 직원이 동료들에게 신기한 듯 말한다.
"한국에서 왔대. 치즈 사려고. 한국에는 치즈가 없나 봐." 스페인에서 유학하던 시절, 함께 밥을 먹던 친구가 진지한 표정으로 한국도 우유를 먹느냐는 질문을 했던 날이 떠올랐다.

### 빠요요 치즈 공장
*Fabrica Los Payoyo*

- 주소  Calle Ermita, 14, 11611 Villaluenga del Rosario, Cádiz
- 홈페이지  www.payoyo.com

## 산속의 아기자기한 마을 산책 3
### 기타 장인 라파를 만난 곳
## "알고도날레스"

하얀 집으로 이루어진 마을을 다니던 중에 기타를 만드는 장인이 사는 동네가 멀지 않다는 소리를 들었다. 구불거리는 산을 지나 도착한 알고도날레스Algodonales는 특별할 것 없어보이는 그냥 산속 동네였다. 낮술을 한잔하면서 쉬고 있는 아저씨 두 분에게 "여기가 기타 장인이 사는 마을이 맞아요?" 물었더니 "기타 장인? 아, 라파 찾아온 거야?" 한다. 그렇게 이름도 모른 채 무작정 찾아간 마을에서 기타 장인 라파Rafa를 만났다.

라파의 공방에 들어서자 한 스페인 남자가 기타를 연주하고 있다. 내가 들어온 것도 모르고 연주하는 그가 라파인가 싶어서 연주가 끝나길 기다리고 있었는데(실은, 그의 연주가 대단해서 더 듣고 싶기도 했다) 안쪽에 서있던 남자가 어떻게 왔냐고 묻는다. 기타 장인 라파를 만나러 왔다고 하니 "내가 라파야. 그런데 장인은 아니야, 그저 오랫동안 기타를 만들고 있는 기타쟁이야"며 웃는다. 18년 동안 기타를 만들고 있다는 그는 무뚝뚝하지만 물어보는 말에 조곤조곤 대답한다. 한쪽에서 연주를 하던 남자는 라파의 오랜 친구라고 했다. 공방의 여기저기를 구경하고 나오려하는데 나를 불러 세운다. "기타 연주할 줄 알면 같이 한 곡 하고 놀자." 기타에 관심이 많다면 꼭 한 곡 정도 연습해서 가기 바란다. 라파가 하나하나 손으로 만든 기타로 협주할 수 있는 기회를 놓치지 말고.

### 라파의 기타공방
*Guitarras de Artesania*

- 주소  Calle Ubrique, 8, 11680 Algodonales, Cádiz
- 홈페이지  www.valerianobernal.es

## 산속의 아기자기한 마을 산책 4
### 산꼭대기 절벽 위의 빠라도르
# "아르꼬스 데 라 프론떼라"

---

사실 하얀 마을을 돌아다니던 이틀 동안 가장 기대한 곳이다. 처음으로 빠라도르Parador(국가에서 운영하는 호텔, 오래된 성이나 주택을 개조해서 사용한다)를 예약해서 더 그럴지도 모르겠다. 이곳과 론다의 빠라도르, 둘 중 고민 끝에 아르꼬스 데 라 프론떼라Arcos de la Frontera 로 결정한 것은 아직 많이 알려지지 않은 곳이라는 점이 매력적이었기 때문이다. 론다의 경우 인기리에 방영된 프로그램의 영향으로 많은 한국사람들이 모여드는 데 비해 이곳은 인기 있는 마을임에도 불구하고 아는 사람만 찾아오는 곳이다. 산꼭대기 위에 세워진 마을은 좁고 가파른 골목길로 이어지고 사이사이 테이블을 내놓은 따빠스집에서는 맛있는 냄새가 풍긴다. 해가 지고 난 뒤 절벽 위의 성당과 빠라도르를 중심으로 조명이 밝혀지니 마을 전체가 하나의 아름다운 조각품 같다. 셰리주를 마시면서 화려한 야경을 즐겨보자.

### 아르꼬스 데 라 프론떼라 빠라도르 호텔
*Parador Arcos de La Frontera Hotel*

- **주소** Plaza del Cabildo, s/n, 11630 Arcos de la Frontera, Cádiz
- **전화** +34 956 70 05 00
- **예산** 트윈룸 기준 1박 120유로~
- **인터넷 사용** 공공 이용 시설 무료 와이파이
- **홈페이지** www.parador.es
- **메일** arcos@parador.es

\* 다른 빠라도르보다 저렴한 편이다. 멋진 절경과 넓은 숙소를 알뜰하게 즐기면서 기분 낼 수 있다.

## 산속의 아기자기한 마을 산책 5
### 질 좋은 양모제품
# "그라쌀레마"

---

산속의 마을은 10월이 되니 조금 스산하다. 버스에서 독일관광객이 내리자 조용했던 마을에 활기가 돈다. 하얀 마을 중 가장 큰 마을인 그라쌀레마Grazalema는 예전부터 수준 높은 양모제품을 생산하는 곳으로 유명하다. 마을의 초입에는 양모 박물관이 운영되고 있으며 담요, 목도리, 코트 등을 판매한다.

### 그라쌀레마 양모 박물관
*Artesania Textil de Grazalema, S.A*

- 주소 Carretera de Ronda, s/n, 11610 Grazalema, Cádiz
- 전화 +34 956 13 20 08
- 시간 월~목 8:00~18:30 금 8:00~14:00

### 그라쌀레마 양모제품을 판매하는 상점

- 주소 Plaza de España, 19, 11610 Grazalema, Cádiz
- 전화 +34 956 13 21 41
- 시간 11:00~13:30, 17:00~20:00

## 산속의 아기자기한 마을 산책 6
### 하늘 바로 아래의 마을
# "싸하라 데 라 시에라"

까디스 산맥을 오르고 또 오르다 보면 하늘 끝과 맞닿은 마을을 만나게 된다. 바로 싸하라 데 라 시에라 Zahara de la Sierra다. 찾아간 날, 마을 입구에 사람들이 꽤 모여있었다. 뭔가 하고 들여다보니 독수리과로 보이는 큰 새 한 마리가 앉아있다. 가까이 가지는 못하고 어디서 왔냐고 물으니 하늘에서 떨어졌다고 한다. 뭐지, 하늘 바로 아래의 마을엔 동물원에서도 보기 힘든 새가 떨어지는 게 대수롭지 않은 것인가.

까디스의 작은 바닷가 마을
## 스페인 남쪽 끝, 따리파
*Tarifa*

2시간 정도 배를 타고 나가서 고래를 보는 관광상품이 인기다. 아이와 함께 여행을 왔다면 이보다 더 흥미롭고 기억에 남는 일이 있을까 싶다.

- **주소** Avenida Alcalde Juan Núñez, 3, Tarifa, Cádiz
- **전화** +34 956 68 07 41
- **예산** 성인 33유로~, 어린이 22유로~
- **홈페이지** www.turmares.com

# DAY 6

# Granada

그라나다

## 손으로 빚은
## 보석 같은 하루

오전 10시 반, 이사벨 광장에서 노노Nono를 만났다. 그라나다에서 태어나서 여전히 살고 있는 그는 이슬람 세력이 마지막까지 지켜보려했던 이곳은 아름답지만 슬픈 도시라고 소개한다. 아름다움의 결정체라고 불리는 알람브라 궁전과 마주 보고 있는 집시촌 사크로몬테, 주소가 무의미할 정도로 복잡한 알바이신 지구의 길은 어울리지 않을 듯 자연스레 섞이면서 수많은 이야기를 품고 있다. 밤이면 유난히도 하늘이 까맣던, 그라나다의 이야기 속으로 걸어가보자.

# 그라나다 시내 지도

- x 까르멘 데 아이샤
- 싼 니콜라스 전망대 x
- x 뜨리요 우물
- 싼 그레고리오

Pl. Larga
C. Espaldas
Callejón Monteses
Cuesta María de la Miel
Callejón de las Campanas
C. San Nicolás
Carrera Nuevo de San Nicolás
C. Aljibe de Trillo
C. Largo San Cristóbal
C. Aljibe de la Gitana
C. Rosal San Pedro
Pl. de San Cristóbal
Pl. Mirador de San Caristóbal
C. Pilar Seco
C. Gumiel de San José
C. Almez
Ctra. de Murcia
Muralla Alcazaba
Pl. Yesqueros
Monast. Sta. Isabel La Real
Sta. Isabel la Real
C. Cauchiles de San José
C. Oidores
C. Bravo
C. Cruz de Quirós
C. Zenete
C. Bocanegra
C. San José Alta
C. Álamo de Marqués
Cuesta Perro A
Pl. Correo Viejo
Cuesta Mara
C. Molino Corteza
C. San Andrés
Cuesta Beteta
C. Correo
C. Elvira
C. Azacayas
C. Arteaga
C. Álvaro de Bazán
C. Cárcel Baja
C. Gran Vía de Colón
C. Azacayas
C. Sta. Paula
C. Mercaderes
C. Trabuco
Pl. San Agustín
C. San Agustín
C. Niños Luchando
C. Tendillas de Sta. Paula
C. Álvaro de Bazán
C. Arandas
Pl. de la Encarnación
C. San Jerónimo
C. Islt S. Felipes
Pl. Romar
Pl. Universidad
C. Lucena

# 그라나다 기본 정보

## 교통

### 그라나다로 가는 방법

#### 기차
- 꼬르도바-그라나다 약 2시간 40분, 27유로~
- 쎄비야-그라나다 약 3시간 10분, 31유로~
- 마드리드-그라나다 약 3시간 55분, 68.40유로~

**그라나다 기차역**
Estación de Granada
- 주소 Avenida de los Andaluces, s/n, Granada

#### 버스
- 말라가-그라나다 약 1시간 30분~2시간 소요, 편도 22유로~

**그라나다 버스터미널**
Estación de Autobuses de Granada
- 주소 Calle Minerva, 18014 Granada

### 버스터미널에서 구시가지로 들어가는 방법

버스터미널에서 위로 올라가서 LAC버스를 타고 깔레타Caleta 정류장에서 하차, 4번 버스로 환승하면 그라나다 중심으로 들어간다. 주로 이사벨 광장 정류장에서 하차하는데 알람브라나 알바이신으로 가는 버스로 환승할 수 있는 곳이기도 하다.

## 숙박

### 1. 까르멘 궁전
Casa Palacio Carmen del Cobertizo

그라나다의 특별한 건축물인 까르멘 주택을 호텔로 개조한 곳으로 알바이신 지구에 위치해 있다. 아랍식 목욕탕을 갖춘 정원이 있고 까르멘 주택의 높은 담장과 키 큰 나무가 특징이다. 넓고 조용하면서 고급스러운 분위기를 느낄 수 있다.

- 주소 Cobertizo de Santa Inés, 6, Albaicin, 18010 Granada
- 전화 +34 954 97 90 09
- 요금 트윈룸 기준 1박 150유로~
- 인터넷 사용 공공 이용 시설 무료 와이파이
- 메일 reservas@carmendelcobertizo.es

### 2. 네스트 스타일 그라나다 호텔
Hotel Nest Style Granada

까르멘 광장과 나바스 거리가 만나는 곳에 위치한 호텔로 깨끗하고 조용하다. 방은 작아도 저렴한 비용으로 혼자 지내고 싶다면 가볼 만하다. 위치도 좋아서 이동도 편리하다.

- **주소** Plaza del Carmen, 29, 18009 Granada
- **전화** +34 958 05 87 08
- **요금** 트윈룸 기준 1박 40유로~
- **인터넷 사용** 호텔 전 구역 무료 와이파이
- **홈페이지** www.neststylegranada.com

### 3. 한인민박

까사 꼰띠고, 에스뻬란싸, 까사보니따, 루나민박 등이 있으며 한식을 먹을 수 있고 정보 교환이 쉽다는 장점이 있다. 화장실이나 샤워실을 공용으로 사용하기 때문에 번잡할 수 있다.

- **요금** 도미토리 30유로~

# 손으로 빚은 붉은 보석, 알람브라

Theme 1

"그라나다에서 가장 가혹한 형벌은 눈이 보이지 않는 것이다." 어느 시인이 알람브라 궁전을 보고 그 아름다움에 반해 내뱉은 첫마디다. 지었다기보단 손으로 빚었다는 표현이 더 어울리는 이 궁전은 1238년에 시작하여 1391년 완공되었다.

처음 궁전을 지을 당시 국토회복운동으로 인해 안달루시아의 이슬람 세력은 이미 많이 위축되었다. 그렇기에 무하마드 1세는 그라나다에서 마지막 왕권을 지키고자 요새를 짓기 시작한다. 삼면이 가파른 언덕 위는 기독교 세력의 움직임을 지켜보며 공격과 방어를 하기에 최고의 장소였다. 애초에 방어적 목적으로 만들어졌기 때문에 왕은 요새 안에서 모든 일이 해결되기를 원했다.

그 결과 궁전은 왕족 일가에서 경비원까지 약 5천여 명이 생활하

는, 작은 도시 수준의 규모였다고 한다. 그렇게 요새로 시작한 알람브라는 술탄에 의해 화려한 궁전으로 변모하게 되고, 1492년 기독교 세력에 함락되기까지 지상에 내려온 천국이라고 불릴 만큼 아름답다고 평가되었다. 지금 남아있는 부분은 고작 4%에 불과하다고 하니 그 당시의 아름다움은 상상할 수도 없다.

이제 화려하게 꽃을 피웠던 마지막 이슬람 왕국으로 들어가보자. 영화로운 시대가 아직도 숨을 쉬듯 눈 앞에서 생생하게 열릴 것이다.

## 시내에서 알람브라 궁전 가는 길

### 1. 시내버스
누에바 광장 Plaza Nueva에서 시내버스 C3번을 이용하여 알람브라 매표소까지 이동.
- **시간** 7:00~23:00, 8분 간격
- **요금** 1.20유로

### 2. 그라나다 시티 투어버스
알람브라 궁전 앞에 도착.
- **요금** 1일권 8유로

### 3. 도보
누에바 광장에서 도보로 25분 정도 소요되는데 길이 복잡하고 오르막이기 때문에 갈 때는 버스를 타고 내려올 때는 천천히 걸어서 시내로 오는 것을 추천한다.

## 알람브라 입장권 구입하기

알람브라 궁전은 하루 방문객을 제한하기 때문에 입장권을 구하는 것이 생각보다 쉽지 않다. 인터넷으로 예매하는 것이 가장 편하지만 3개월 전부터 예매가 거의 마감된다. 아침 7시에 누에바 광장에서 C3버스를 타고 매표소에 가도 이미 줄이 길게 늘어서있다. 인터넷 예매에 실패했다면 일찍 일어나 줄을 서서 표를 구입해야 한다.

- **전화** +34 902 88 80 01
- **요금** 14유로 (카드결제 시 15.40유로)
- **홈페이지** www.alhambra-tickets.es
- **입장권 구입 팁**
  - 직원에게 직접 사는 창구보다 자동 티켓머신 쪽에 줄을 서자. 훨씬 빨리 진행되고 차분히 시간대를 선택할 수 있다. 버스에서 내려서 입구에 들어서자마자 서있는 줄이 아닌 매표소를 바라보고 오른쪽으로 보면 자동 티켓머신이 있다.
  - 오전과 오후로 나눠지는데 특히 나사리 궁전은 입장시간이 표에 표시되어있다. 자신이 받은 시간 외에는 입장이 불가능하니 유의해서 시간을 지켜야 한다.
  - 창구나 티켓머신으로 구입할 경우 당일 표만 가능하다.
  - 창구에서 표를 구입할 경우 현금만 가능하고 티켓머신으로 구입할 경우 10%의 부가세가 추가 청구된다.
  - 가능하다면 오전 표를 구입해야 내려갔다가 시간 맞춰서 다시 올라오지 않게 된다.

# 알람브라 궁전 탐험

### A 지상 최대의 아름다움
### 알람브라 궁전(나사리 궁전)
### *Palacios Nazaries*

'알람브라'의 어감은 알 수 없는 고요함과 신비로움이 어우러져 애틋하기까지 하다. 각기 다른 시대에 지어진 세 개의 궁궐이 두 개의 빠띠오를 사이에 두고 이루어져있다. 흐르는 물소리를 들으며 보석으로 뜨개질한 것 같은 천장을 보고 있으면 왜 알람브라 궁전을 보고 서양에 있음에도 가장 완벽한 이슬람 건축물이라고 하는지 공감하게 된다.

### 1. 왕의 집무실, 맥수아르 궁
Palacio de Mexuar

알람브라 궁전에서 가장 오래된 공간으로 네 가지 색의 타일과 목조 천장이 특징이다. 왕이 재판 업무를 보거나 기도실로 이용해서인지 다른 방에 비해 묵직한 느낌이 든다. 왕은 명확하고 공정한 재판을 위해 밀폐된 곳에서 죄인의 얼굴을 보지 않은 채 판결을 진행했다. 지구의 4원색을 상징하는 검정, 파랑, 녹색, 노란색 타일로 건물 내부 벽을 장식했다.

이곳에서 코마레스 궁전으로 가기 전 작은 빠띠오가 있는데 왕을 알현하기 위해 모인 각국의 대사들이 대기하거나 왕이 대신들과 물담배를 피던 곳이다.

## 2. 왕을 알현하던 곳, 코마레스 궁전
Palacio de Comares

각국에서 모인 사신을 맞이하기 위해 만든 곳으로 벽과 기둥, 아치와 천장에 빈틈없이 새긴 아라베스크 무늬와 예술적인 코란 글귀가 무척 아름답다. 코란에서는 우상숭배를 금지하기 때문에 살아있는 사람이나 동물을 문양으로 새기지 않는다. 그래서 특유의 기하학적 문양이 발달했다고 한다.

코마레스 궁전은 코마레스 탑Torre de Comares, 대사의 방Salón de los Embajadores, 아라야네스 중정Patio de los Arrayanes으로 이루어져있는데 코마레스 탑 안쪽에 대사의 방이 있다. 대사의 방은 알람브라 전체 중 가장 큰 방으로 외국의 사신들에게 이슬람 왕국의 건재함을 보여주기 위해 만들었다고.

이곳에서 마지막 이슬람 왕국의 왕 보압딜이 이사벨 여왕에게 항복했다고 한다. 알람브라를 무척이나 사랑했던 보압딜은 떠나면서 아쉬움에 눈물을 흘렸는데 그의 어머니는 쉽게 항복한 자신의 아들에게 아들답지 못하게 키웠으니 여자처럼 울기라도 하라며 비난했다. 하지만 보압딜은 그라나다에 남은 이슬람 백성들의 안전을 약속받고 순순히 물러났다고 한다. 자신의 왕국을 위해 무리하게 싸우다가 다칠 백성들을 보호하고 떠난 보압딜이 과연 용기가 없는 왕일까.

향기롭다는 뜻의 '아라야네스'의 이름을 딴 아라야네스 중정은 천국의 꽃이라고 부를 만큼 아름답다고 평가되고 있다.

### 3. 왕의 여자들, 사자의 궁
Palacio de los Leones

알람브라 궁전에도 한국 사극에나 나올 법한 금남의 공간이 존재한다. 이슬람문화는 일부다처제인데 왕이면 오죽했을까. 사자의 궁은 124개의 대리석 기둥으로 둘러싸인 왕의 여자들의 거처이다. 왕이 마음에 드는 여자에게 사과를 주면 후궁이 됐다는 이야기도 있다. 왕의 여자들은 이곳에서 학업도 따로 배웠다고.

사자의 궁의 가장 특별한 점은 모카라베 Mocarabe 장식이다. 코바늘로 레이스를 뜬 것 같은 정교함과 화려함이 눈이 부시다. 사이사이 푸른 보석이 박혀있는데 아프가니스탄에서만 나온다는, 금보다 비싼 청금석이라고 한다.

사자의 중정 Patio de los leones 에는 열두 마리의 돌사자가 원형 분수를 떠받치고 있는데, 이는 그라나다의 열두 개 유대인 부족이 왕에게 선물한 것이라고 한다. 돌사자는 네 그룹으로 나뉘어서 그룹별로 다른 의미를 갖는데 열두 개 유대인 부족을 의미한다고도 하고 코란의 네 개의 강줄기가 모이는 천국의 모습을 묘사했다고도 한다. 유대인 부족이 선물한 코란식 천국 모습의 돌사자라니. 그 시절 이슬람의 막강한 힘을 상상할 수 있는 대목이다.

사자의 중정을 중앙으로 양쪽에 아벤세라헤스의 방 Sala de los Abencerrajes 과 두 자매의 방 Sala de las Dos Hermanas 이 있다.

아벤세라헤스 방의 중간에는 사자의 분수로 이어지는 12각의 분수가 있다. 천장의 모카라베 장식의 화려함이 극에 달한 이 방에는 무서운 이야기가 담겨있다. 한 왕이 아름다운 포로를 후궁으로 맞이하려하자 왕비가 그에 반대해서 쫓겨나고 말았다. 화가 난 왕비는 아벤세라헤스 가문과 손잡고 역모를 꾸미다가 발각되었다. 그리고 이곳이 아벤세라헤스 가문의 남자 36명을 참수시킨 피의 장소다. 그때 흐른 피는 12각 분수를 지나 정원에 있는 사자의 분수까지 흘렀다고.

아벤세라헤스 방의 건너편에 위치한 자매의 방은 왕의 사랑을 받던 여인의 장소라고 추정된다. 알람브라 전체 중 가장 화려하고 아름다운 방이기도 하다.

### B 흙으로 만든 붉은 요새
### 알카사바
### *Alcazaba*

붉은 흙으로 만든 벽돌로 지어 붉은 요새라고 불리는 알람브라의 알카사바는 처음에는 요새와 궁전이 함께 있는 알카사르Alcazar의 모습이었다. 안달루시아의 지역에는 알카사바Alcazaba와 알카사르Alcazar가 있는데 요새만 있는 것은 알카사바라 부르며 쎄비야처럼 요새 안에 궁전이 있는 것은 알카사르라고 부른다. 알람브라의 경우 이슬람 왕국의 최후 보루가 그라나다였기 때문에 알카사르의 형태로 지어졌으나 후에 알람브라 궁전(나사르 궁전)을 화려하게 지으면서 알카사바의 모양으로 남게 되었다.

견고하게 지어진 성곽의 안으로 들어가면 옛 집터와 그 당시 생활하던 모습들이 남아있다. 알카사바에서 가장 높은 망루인 벨라의 탑은 이슬람 시대가 끝난 후 십자가와 현수막이 걸리기도 했다.

### C 여름 별장
### 헤네랄리페
### *Generalife*

이슬람 왕족의 휴식처로 지어진 이곳은 아름다운 정원으로 유명하다. 업무를 보던 장소가 아닌 만큼 북쪽으로는 그라나다 시내가 한눈에 보이고 남쪽으로는 알람브라 궁전의 아름다움을 바라볼 수 있다. 알람브라 궁전 정원의 분수가 정적으로 애잔한 느낌이라면 헤네랄리페의 정원은 역동적이다. 계단의 양쪽 끝에서 흐르는 청아한 물소리가 듣기만 해도 시원해진다.

### D 정사각형 속 원형 궁전
### 까를로스 5세 궁전
### *Palacio de Carlos V*

르네상스 스타일의 건축양식이지만 알람브라와 묘하게 어울린다. 안으로 들어가면 정사각형인 외부와는 다르게 원형경기장의 모습이 보여 박물관 안에 궁전이 있는 것 같은 묘한 느낌이 든다. 작은 소리도 넓게 울려퍼지는 탁월한 음향 효과로 종종 음악회가 열리곤 한다.

## 알람브라 궁전 근처의 이곳!

### 성 안의 국영 호텔
### 그라나다 빠라도르
*Parador de Granada*

안달루시아의 빠라도르 중 가장 비싸지만 무척 화려하다. 15세기 수도원이었던 그라나다 빠라도르에서 하룻밤을 묵으면서 보는 알람브라의 야경은 경이로울 정도다.

- **주소** Real de la Alhambra, s/n,18009 Granada
- **전화** +34 958 22 14 40
- **요금** 트윈룸 기준 1박 300유로~
- **인터넷 사용** 호텔 내 전 구역 무료 와이파이
- **주차** 무료
- **홈페이지** www.parador.es
- **메일** granada@parador.es

### 알람브라 궁전에서 왕처럼 식사하기
### 그라나다 빠라도르 레스토랑

알람브라를 다 돌아보고 나오는 데는 최소 네 시간이 걸린다. 이왕이면 궁전을 돌아보고 왕처럼 식사를 해보자. 알람브라 궁전 안에 있는 국영 호텔 빠라도르에서는 안달루시아 전통 따빠스 세트를 제공하고 있다. 네다섯 가지의 수준 높은 따빠스를 즐길 수 있다.

- **주소** Real de la Alhambra, s/n, 18009 Granada
- **전화** +34 958 22 14 40
- **시간** 13:00~16:00, 20:00~23:00
- **가격** 30유로(음료 포함)
- **추천메뉴** 따빠스 메뉴 Menu de Tapas

# 노노를 따라가자,
# 현지 대학생이 소개하는
# 그라나다 이야기

Theme 2

## Granada Walking Tour

    매일 아침 10시 30분 이사벨 광장Plaza Isabel La Catolica에는 보라색 우산을 들고 서있는 대학생들이 있다. 그라나다에서 공부하는 젊은 청년들이 자원해서 만든 투어 프로그램이다. 스페인어팀과 영어팀 중 선택하는데 영어팀으로 갈 줄 알았던 내가 스페인어팀에 남아있자 다들 재밌어한다. 10명쯤 되는 스페인어팀을 안내할 친구는 '노노Nono'라는 귀여운 이름을 갖고 있는 털이 많은 스페인 청년이다. 출발하기 전에 동그랗게 모여서 각자 어디서 왔는지 소개를 한다. 중년 부부, 아이 둘을 데리고 온 젊은 부모, 친구들끼리 온 여행자 등 다양한 사람들이 스페인의 전 지역에서 모였다. 드디어 내 차례. "안녕, 나는 한국에서 왔어."

### 그라나다 워킹투어

그라나다의 젊은 대학생들이 제공하는 무료 워킹투어다. 도시의 구석구석 역사적이고 재미있는 곳을 소개해주는데 야경투어나 플라멩코 공연투어 등의 프로그램도 있다. 즐거운 탐방을 위해 편한 옷과 편한 신발을 추천한다. 홈페이지에서 쎄비야의 워킹투어도 확인할 수 있다.

- 출발장소  이사벨 광장 Plaza Isabel La Catolica
- 출발시간  10:30
- 소요시간  3시간 30분
- 가격  무료(투어 종료 후 가이드에게 자유롭게 팁을 지불한다). 플라멩코나 야경 투어는 20유로 정도의 비용이 발생한다.
- 예약  www.feelthecitytours.com

# 노노와 함께하는 그라나다 워킹투어

### A 시장 근처의 휴식처
### 꼬랄 데 까르본
*Corral del Carbón*

이슬람 건축양식이 그대로 남아있는 오래된 장소로 이슬람 시대에는 시장에 나가는 상인과 가축의 휴식처 및 제품을 쌓아놓는 창고로 쓰다가 기독교 시대에는 공연장으로 사용되었다. 방 하나당 18~19명이 사용했다고 한다. 꼬랄 데 까르본 근처에는 항상 바가 많은데 상인들이 여름에 너무 더워 밖에 나가서 시간을 때우다 보니 주변에 하나둘 바가 생기기 시작한 것이다. 입구의 문은 이슬람 시대의 모습으로 보존되어있는데 코란이 빽빽하게 적혀있다.

- **주소** Corral del Carbon, 18009 Granada
- **전화** +34 958 22 38 10
- **시간** 월~금 9:00~19:00 토~일 10:00~14:00

### B 수공예 시장
### 알카이세리아
*Alcaiceria*

꼬랄 데 까르본에서 조금만 걸어가면 이슬람 시대의 시장이었던 알카이세리아가 나온다. 광장에서 열리는 시장이 아니라 좁은 입구로 들어서면 한 사람이 지나가기도 힘든 골목마다 가게가 있다. 원래는 나무로 만들어진 목조 단지였는데 19세기에 한 가게가 불이 나면서 순식간에 다 타버렸다고. 지금은 새로 건축한 단지에 여전히 많은 가게들이 있다.

시장은 사람들로 북적거리는데 이렇게 작은 골목에서 발달한 게 이해가 되지 않았다. 심지어 노노는 지금은 예전보다 훨씬 넓어진 것이라고 대답한다. 훨씬 작은 골목으로 이루어져있었는데 너무 더운 날씨에 건물들이 가깝게 있으면서 생기는 그림자를 이용하기 위해서라고 한다. 또한 도둑이 빨리 도망가지 못한다는 장점도 있다고. 언제 쳐들어올지 모르는 기독교 세력을 방어하기 위해 중문을 아홉 개나 달았다고 한다.

- 주소  Calle Alcaiceria, 1, 18001 Granada
- 전화  +34 958 21 55 52
- 시간  10:00~21:00
* 지금은 관광객을 위한 기념품 가게가 자리 잡았다.

### C 구시가지 광장
### 빕람블라 광장
*Plaza Bib-Rambla*

이슬람 시대에는 강이 흐르던 광장이어서 플라싸 데 엔뜨라다 델 리오 Plaza de Entrada del Rio(강이 시작되는 광장)라 불렀는데 기독교 시대에는 투우장으로 사용했다. 하지만 너무 많은 사람들이 죽자 더 이상 경기를 하지 않았고 광장은 방치되어 윤락가로 변해버렸다. 그 뒤 시민들의 노력으로 지금은 음식점이 많은 다른 광장과 비슷해졌지만 이슬람 시대의 강이 흐르는 광장을 그리워한다고.

- 주소  Plaza de Bib-Rambla, 18001 Granada
* 추로스 꼰 초코라떼 Churros con Chocolate가 시작된 광장이다.

## 감춰진 성당
### 까떼드랄
### *Catedral*

스페인의 바르쎌로나와 마드리드가 서로 못 잡아먹어 안달인 것처럼 안달루시아의 도시 사이에도 보이지 않는 신경전이 있다. 특히 쎄비야, 그라나다, 꼬르도바 사이에 그런 미묘한 싸움이 일어나는데 그중 가장 재밌는 싸움이 자신의 도시에 있는 성당이 가장 크다는 것이다. 역시나 그라나다 사람 노노도 한마디한다. "쎄비야 성당 봤어? 거기보다 그라나다 성당이 더 커. 걔네는 대놓고 성당이라고 잘난 척해서 커 보이는데 우리는 숨겨져있어서 작아 보이는 거야. 겸손하게." 그의 말대로 그라나다의 성당이 주변 건물들로 좀 가려져있는 것은 사실이지만 누구의 성당이 더 큰지는 그들만의 경쟁으로 남기는 걸로.

그라나다의 성당 내부는 다른 성당에 비해 흰색이 많다. 창문도 스테인드글라스로 화려하게 장식되어있는 것이 아니라 투명한 유리만 있다. 성당에 들어가면 자연스러운 하늘의 빛이 들어오는데, 하얗게 밝은 곳에서 깨끗해지라는 의미라고 한다.

- **주소** Calle Gran Vía de Colón, 5, 18001 Granada
- **전화** +34 958 22 29 59
- **시간** 3~8월 월~토 10:45~13:30, 16:00~20:00
  일·공휴일 16:00~20:00
  9~2월 월~토 10:45~13:30, 16:00~19:00
  일·공휴일 16:00~19:00
- **입장료** 4유로

### E 네 번째 변신 중
### 마드라싸 궁전
*Palacio de la Madraza*

마드라싸 궁전의 변천사를 듣고 있으니 새삼 그라나다의 역사가 변화무쌍했다는 생각이 든다. 처음에는 무슬림의 교육학교였지만 기독교 세력에 점령당하면서 수많은 책을 빕람블라 광장에서 태웠다고 한다. 그리고 2003년 모두 잃었다고 생각했던 안달루시아 시대의 언어로 된 코란 3권이 발견됐다.
16~17세기에는 시청으로 사용하다 현재는 사설 공연장으로 운영되고 있다. 하지만 곧 그라나다 대학으로 바뀐다고 한다. 수만 시간이 지나서 마드라싸 궁전은 본연의 모습인 교육의 장소로 돌아가는 것이다. 대학으로 사용하고 있을 언젠가 그라나다에 다시 왔으면 좋겠다는 생각이 든다.

- **주소** Calle Oficios, 14, 18001 Granada
- **전화** +34 958 99 63 50
- **시간** 10:00~20:00
- **입장료** 2유로

### F 다섯 수녀의 끊이지 않는 기도
### 싼 그레고리오 교회
*Iglesia de San Gregorio*

역사는 언제나 승자의 웃는 모습을 기억하지만 그 뒷면은 아프다. 싼 그레고리오 교회는 단아하고 아름다운 얼굴을 하고 있지만 사실 이슬람 시대에 가톨릭 신자를 고문하는 감옥으로 사용됐다고 한다. 그러다가 기독교 세력의 유입으로 교회로 사용되다가 개인에게 팔려 레스토랑으로도 썼다고. 지금은 문이 닫혀 있다.

- **주소** Placeta de San Gregorio, 1, 18010 Granada

### 🅖 플라멩코 가족
### 엔리께 모렌떼의 집
*Casa de Enrique Morente*

알람브라의 전망을 보기 위해 올라가는 길목에 있는 스페인 플라멩코 가수의 집이다. 그라나다의 영웅으로 칭송받는 그의 가족 모두가 플라멩코를 한다고. 노래를 부르고 한쪽에서는 춤을 추고 박자를 맞추며 누군가는 기타를 치는 모습을 상상만 해도 흥겹다. 안타깝게도 그는 2010년에 별세했다.

- **주소** Plaza Puerta de Jerez, 41001 Granada(주소가 구글 지도에도 나오지 않아서 Placeta Carvajales, 4, 18010 Granada로 찾아가는 것이 더 편하다. 이 주소로 가면 전망대가 나오는데, 그 주변으로 까예혼 델 베소와 엔리께 모렌떼의 집이 있다.)

### 🅗 옛날 이야기
### 까예혼 델 베소
*Callejón del Beso*

이슬람 시대에 한 소녀가 살았다. 소녀는 점점 아름답게 자랐고 매일같이 집 앞에는 그녀를 보러온 남자들로 가득했다. 그녀의 아버지는 돈 많은 남자에게 딸을 시집 보내기로 했다. 이슬람 시대에 아버지가 정해준 신랑과 결혼하는 것은 당연한 일. 그녀는 거부하지 못한 채 결혼식 당일을 맞이했다. 결혼식을 하고 잠시 쉬겠다던 그녀는 죽은 채로 발견된다. 아침에 결혼식을, 저녁에는 장례식을 하게 된 비련의 그녀를 붙잡고 어머니는 하염없이 눈물을 흘렸다. 마지막으로 입맞춤을 하자 거짓말처럼 딸이 깨어났다고.

이 골목에 얽힌 이야기다. 알바이신의 구불거리는 골목에는 긴 역사의 흔적만큼 이렇게 많은 이야기들이 전해 내려오고 있다. 그중 가장 아름다운 이야기를 간직하고 있는 이곳은 지금까지도 키스의 골목으로 불린다.

- **주소** Calle Beso, 10, 18010 Granada

### 🔸 가장 오래된 아랍식 목욕탕
## 엘 바뉴엘로
*El Bañuelo*

11세기에 지어진 이 목욕탕은 그라나다에서 가장 오래된 아랍식 목욕탕이다. 이슬람문화는 사원에 들어가기 전에 몸을 깨끗이 씻고 들어가야 하는데 이곳은 강가와 사원 근처라 인기가 많았다. 아침에는 여자들이, 오후에는 남자들이 사용했다. 천장에 작은 구멍으로 수증기를 빼고 자연광을 받았다.

- 주소 Carrera del Darro, 31, 18010 Granada
- 전화 +34 958 22 97 38
- 시간 화~토 10:00~14:00(일, 월요일 휴무)
- 입장료 무료

### 🔸 시민의 광장
## 누에바 광장
*Plaza Nueva*

엘 바뉴엘로의 옆을 흐르는 다우로 강을 지나 천천히 일정의 마지막 광장인 누에바 광장으로 향했다. 15세기에 새로 만들어진, 그라나다의 축제가 열리는 시민의 광장이다. 즐거운 여행을 하라며 노노는 우리에게 마지막 경고를 한다. "저기 보이는 레알 찬씨예리아 Real Chancille-ria(국립 대법원)에서 사형 집행을 많이 해서 유령이 다녀. 밤에는 꼭 길 건너로 지나가도록 해."

- 주소 Plaza Nueva, 18010 Granada

# 슬프도록 자유로운 그들의 터전, 알바이신과 사크로몬테

Albaicin y Sacromonte

Theme 3

그라나다에 있는 일주일 동안 거의 매일 알바이신 지구에 갔다. 뭔가 일이 있었던 것도 아니고 무작정 걷기만 했다. 좁은 골목이 주는 묘한 안정감이 좋았다.

다우로 강을 가운데 두고 이슬람 왕족의 알람브라와 이슬람 서민의 터 알바이신, 그리고 집시들의 터전인 사크로몬테 지역이 있다. 알람브라의 전경을 보기 위해 가는 장소는 아이러니하게도 이슬람 서민의 터, 알바이신 지구다. 이슬람 왕국의 마지막 왕 보압딜이 왕궁을 포기하고 항복했다는 소식을 들었을 때 알바이신의 그들은 어떤 마음으로 건너편 왕궁을 바라봤을까?

보압딜 왕은 알바이신에 살고 있는 백성들의 안전을 약속받고 그라나다에서 떠났지만 이사벨 여왕은 알바이신의 이슬람 서민들을 박

해했다고 한다. 그렇다고 알바이신 지구의 이슬람 서민들이 다른 곳으로 떠나는 일은 쉬운 일이 아니었다. 돈도 없고 사방이 기독교 세력으로 바뀐 상황에서 이주를 갈 곳조차 없었던 것이다.

알바이신 지구의 동쪽 끝에는 가톨릭 시대 쫓겨난 집시들의 촌, 사크로몬테 지역이 있다. 언뜻 멀리서 보면 황량한 돌산으로 보이는 이곳은 집시의 동굴집으로 유명하다. 가보기 전에는 왠지 모를 두려움으로 걱정했는데 막상 도착해서 본 마을은 까만 눈동자의 아이들과 덩치 큰 개들이 함께 놀고 있는, 평범한 곳이다. 하지만 그라나다 시내의 소리가 들리지 않아서, 세상과 단절된 신비한 느낌도 있다. 사크로몬테의 집들은 손재주가 좋아서 집에서 만든 공예품을 그라나다 시내에 나가서 팔며 최소한의 돈으로 살아간다. 몇 해 전 정부에서 사크로몬테 지역을 추방한다는 공고가 내려왔을 때 그라나다 시민들이 나서서 반대 운동을 했다. 욕심 내지 않고 살아가는 그들의 삶은 그라나다 시내에서 살아가는 누군가보다 보호받지 못할 이유는 없다고.

그들은 오늘도 건너편의 화려한 알람브라를 바라보며 잠이 들 것이다. 문득 그들이라면 자신들을 보호해주지 못했던 왕국이지만 바라보는 것만으로도 행복할 수도 있겠다는 생각이 든다.

## 그라나다 안의 작은 터전 1
### 길을 잃어도 좋은
# "알바이신 지구"

누에바 광장을 시작으로 다우로 강을 따라가면 알바이신 지구가 나오는데 골목이 꽤 복잡하다. 시간이 여유롭다면 구경하면서 걸어가길 추천한다. 시내버스를 타는 방법도 있다. 누에바 광장에서 탈 수 있는 시내버스 C1번은 알바이신 지구 골목골목을 지나간다.
하지만 길 찾기가 어렵기로 유명한 알바이신의 골목에서는 지도를 놔두고 걸어도 좋다. 좁은 골목을 지나다 보면 사람들이 걸어가는 방향을 만나게 되고 자연스럽게 걷다 보면 어느새 목적지에 도착한다. 자유로워지자.

### 알바이신 지구에서
### 꼭 만나봐야 할 세 가지

#### ❶ 뜨리요 우물
*Aljibe del Trillo*

알바이신 지구를 돌아다니다 보면 자주 우물을 발견하게 된다. 이슬람 시대의 유산으로 사원 주변에는 손을 씻기 위해 존재했고 마을의 중간에는 주민의 삶을 위해 설치되었다. 안달루시아의 다른 지역에서도 찾아볼 수 있는 우물의 흔적은 기독교 세력으로 인해 많이 훼손되었다.
뜨리요 우물은 뜨리요 데 알히베<sup>Aljibe de Trillo</sup> 거리의 귀퉁이에 있다.

- **주소** Cuesta Aljibe de Trillo, 18010 Granada

## ❷ 알람브라의 전경을 완벽하게 볼 수 있는 곳
### 싼 니콜라스 전망대
*Mirador de San Nicolas*

누군가는 노래를 하고 누군가는 그림을 그린다. 시에라네바다 산맥을 배경으로 둔 알람브라의 전망을 즐기면서 모두가 행복해한다. 붉게 물드는 밤의 알람브라를 바라보기에 최고의 전망대라고 손꼽힌다.

- 주소 Calle San Nicolas, 18010 Granada
* C1번 버스를 타면 싼 니콜라스 전망대 앞에서 하차한다. 알바이신의 특성상 전망대를 올라가는 복잡하고 좁은 골목을 찾는 것이 쉽지 않고 밤에 혼자 다니는 것은 조금 위험하니 주의하자.

## ❸ 알바이신 전통 가옥
### 까르멘
*Carmen*

알바이신 지구에는 까르멘<sup>Carmen</sup>이라고 불리는 저택이 있는데 높은 담장과 잘 가꾼 정원으로 유명한 그라나다만의 건축양식이다. 기독교 세력이 도시를 점령하고 알바이신의 많은 이슬람인과 유대인이 떠나자 마을은 한동안 방치되어 유령 도시로 변해간다. 국가에서 알바이신을 재정비하려고 보니 아랍식의 작은 집이 오밀조밀 모여있는 위에 나무가 무성하게 자라서 어디서부터 손을 써야될지 모르다가 한 가지 아이디어를 냈다. 두세 집을 합쳐서 하나의 집으로 만든 뒤 정원을 잘 가꾸고 외부인에게 개방하지 않으면 공짜로 살게 해준다는 것. 그렇게 하나둘 생겨난 까르멘은 아랍어 'Karm'에서 유래된 이름으로 정원을 뜻한다고 한다. 지금도 알바이신 지구를 지나다 보면 하얀 담벼락의 집 가운데 유난히 담장이 높은 까르멘을 볼 수 있는데 거의 외부인의 방문이 금지되어있으나 최근 들어 하나둘 개방하고 있다.

## 알람브라의 야경을 보며 즐기는 환상의 저녁

### 까르멘 데 아이샤
*Restaurante Carmen Mirador de Aixa*

까르멘을 레스토랑으로 개조한 곳으로 알람브라 궁전의 맞은편에 있어 완벽하게 야경을 즐길 수 있다. 또 안달루시아 전통 음식을 수준급으로 요리해서 맛과 분위기가 어울리는 환상의 장소다. 예약은 필수. 예약한 인원이 단 한 명일지라도 철저히 예약 순서대로 알람브라의 야경이 완벽하게 보이는 테이블을 배정받는다.

- **주소** Carril de San Agustín, 2, 18010 Granada
- **전화** +34 958 22 36 16
- **시간** 여름 20:00~23:30
  겨울 13:30~15:00, 20:30~23:00 (월요일 휴무)
- **예산** 20유로~
- **추천메뉴** 라보 데 또로 Rabo de Toro(소꼬리찜)
- **홈페이지** www.miradordeaixa.com

## 그라나다 안의 작은 터전 2
### 길을 잃어도 좋은
## "사크로몬테 지구"

우리는 자유를 따라 숨고 떠나는 그들이 안착한 곳에 방문한 것이다. 게다가 그들은 우리를 초대한 것이 아니라는 걸 기억하면서 왁자지껄 여기저기 사진을 찍기보다는 조용히 그들의 공기를 느껴보기를 권한다.

### 사크로몬테 지구 가는 길

**1. 시내버스**
누에바 광장에서 시내버스 C2번을 이용하면 사크로몬테 정류장에서 내린다.
- **시간** 8:00~23:00, 8분 간격
- **요금** 1.20유로

# 그라나다 현지인들의 맛집 찾아가기
Restaurantes en Granada

Theme 4

지금부터 찾아가는 맛집은 주문하기가 쉽지 않을 수도 있다. 그라나다 현지인이 즐겨가는 곳으로 스페인어를 할 줄 안다고 해도 빨리 원하는 것을 말하지 않으면 사방에서 먼저 주문을 해버린다. 하지만 겁먹지 말고 한번 가보자. 못해도 본전인데 뭐가 두려운가.

# 그라나다 사람들의 맛집 1
## 아침을 먹자
## "데싸유노"

얼마 전 여행 프로그램 페루편의 주인공들이 숙소에 가자마자 매번 물어보던 것을 혹시 봤는지 모르겠다. "데싸유노 인클루이도Desayuno Incluido?" "아침식사가 포함입니까"를 숙소마다 물어보는 것을 보고 한참을 웃었던 기억이 난다. 한국 민박집에서 묵으면 푸짐한 한식 아침을 먹겠지만 일반 호텔은 시리얼이나 빵 종류가 있는 간단한 뷔페인 경우가 많다. 오늘은 숙소에서 아침을 해결하지 말고 그라나다 사람들이 주로 가는 곳으로 가보자. 출근시간이나 등교시간을 피해서 9시쯤 가면 사람도 적고 한적하게 아침을 즐길 수 있다.

### 데싸유노를 즐기기 좋은 카페들

### 커다란 유리잔에 따라주는
### 신선한 오렌지 주스와 스페니시 토스트
### 레이 페르난도
### *Rey Fernando*

모던한 카페로 아이스크림부터 토스트까지 메뉴가 많아서 젊은 아가씨들에게 인기가 많다. 아침에는 커다란 유리잔에 생오렌지를 짜서 주는 신선한 오렌지 주스와 바게트를 구워서 토마토와 올리브오일을 발라먹는 스페인식 토스트가 인기다. 여행 중 비타민 흡수를 위해 오늘은 신선한 오렌지 주스 한잔으로 시작하는 것은 어떨까.

- **주소**  Calle Reyes Católicos, 28, 18009 Granada
- **전화**  +34 902 40 04 21
- **시간**  6:00~1:00
- **예산**  오렌지 주스 4유로~
- **추천메뉴**  쑤모 데 나란하 나뚜랄 Zumo de Naranja Natural(오렌지 주스)

진한 초코라떼에 찍어먹는 추로스 맛집
## 까페 풋볼
*Café Futbol*

스페인 사람들은 기름에 잔뜩 튀긴 추로스를 해장 음식으로 즐겨먹는 것을 아는가. 미국 사람들이 피자로 해장하는 것과 비슷한 느낌이다. 해장용까지는 무리지만 아침으로 추로스를 먹어보자. 남으면 포장해서 일정 중에 먹으면 좋다. 하지만 가방에 그대로 넣으면 기름이 배어 여기저기 묻을 수 있으니 조심할 것.

- **주소** Plaza Mariana Pineda, 6, 18009 Granada
- **전화** +34 958 22 66 62
- **시간** 6:00~1:00
- **예산** 초코라떼와 추로스 세트 5유로~
- **추천메뉴** 추로스 꼰 초코라떼 Churros con Chocolate

## 그라나다 사람들의 맛집 2
### 디저트를 먹으며 나른한 몸을 깨워보자
# "메리엔다"

스페인에서는 아침을 7시쯤 간단하게 먹고 10시에서 11시 사이에 메리엔다Merienda(간식)를 먹는다. 점심을 1시 이후에 먹기 때문에 중간에 간식을 꼭 챙겨먹는 편인데 보통 간단한 샌드위치나 커피 등을 먹는다. 아침에 나가서 한참 관광을 하다 보면 나른해지는 순간이 있다. 이때 다음 일정도 확인할 겸 디저트 타임을 가져보자.

## 디저트라면 빠질 수 없는 가게들

### 아이스크림 케이크 한 조각
### 로스 이탈리아노스
*los Italianos*

안달루시아 지방은 뜨거운 날씨 때문인지 아이스크림 가게가 많은 편인데 아이스크림 케이크 한 조각을 콘에 넣어주는 가게가 있다. 아이스크림을 받는 순간부터 기분이 좋아진다.

- **주소** Calle Gran Vía de Colón, 4, 18001 Granada
- **전화** +34 958 22 40 34
- **예산** 콘 아이스크림 2.50유로~
- **추천메뉴** 케이크 아이스크림 콘 Barquillo de Tarta

### 1862년에 오픈한 맛있는 커피와 안달루시아 디저트 가게
### 빠스텔레리아 로뻬스 메스끼따
*Pastelería López - Mezquita*

안달루시아 전통 디저트는 물론, 바에 앉아서 커피나 간단한 빵을 먹을 수 있다. 디저트류는 선물용으로 포장하는 경우가 많고 안쪽에 있는 바에서는 커피 내리는 소리가 끊이지 않는다. 현지인들이 즐겨 찾는 맛있는 커피를 마실 수 있다.

- **주소** Calle Reyes Católicos, 39, 18001, Granada
- **전화** +34 958 22 12 05
- **예산** 커피 2유로~
- **추천메뉴** 꼬르따도 Cortado(에스프레소에 우유를 조금 넣은 스페인식 카페라떼)

## 그라나다 사람들의 맛집 3
### 와글거리는 바에 서서 간단하게 즐기는
## "따빠스와 맥주 한잔"

저녁을 근사하게 먹고 싶은 날은 점심을 간단하게 해결하고 싶다. 특별한 메뉴가 있는 것도 아니지만 그라나다 현지인들로 북적거리는, 서서 먹는 따빠스에 도전해보자.

### 진짜 제대로 된 따빠스를 즐길 수 있는 가게들

비집고 들어가서 바에서 먹는 따빠스 맛집
### 로스 디아만떼스 바
*Bar Los Diamantes*

좁은 골목에 위치한 작은 바는 이미 바깥에도 서서 먹는 사람들로 가득하다. 특별할 것 없는 이곳은 언제나 현지인으로 가득한데 신선한 재료로 만드는 따빠스 덕분이라고 한다. 빠에야도 따빠스로 맛볼 수 있는데 한 번 만든 양이 다 팔려야 다시 한 판을 만들기 때문에 운이 없으면 30~40분씩 기다려야 한다. 그날의 추천 생선튀김도 좋다. 1942년에 오픈한 곳으로 현재 그라나다 시내에 세 군데의 가게가 있는데 나바스 거리에 있는 바가 가장 인기 있다. 물론 현지인이 많은 만큼 주문하기는 쉽지가 않지만.

- 주소  Calle Navas, 28, 18001 Granada
- 전화  +34 958 22 22 57
- 시간  월~금 12:00~18:00, 20:00~2:00
  주말 및 공휴일 11:00~1:00
- 예산  3유로~

할아버지의 아버지로부터 내려온 작은 바
**나바스 30**
*Bar Navas 30*

먹자골목이라고 불리는 나바스 거리는 시작부터 끝까지 레스토랑과 바로 가득 차 있다. 서로 자기네 음식이 맛있다며 호객 행위를 하는 시끌벅적한 길 초입에 조용한 바가 하나 있다. 사실 그 바 옆에 유명한 맛집이 있는데(옆에서 소개한 로스 디아만떼스 바) 그곳을 가려다가 사람이 많아서 몇 번 실패하고 나오던 길에 발견한 나바스 바는 시간이 멈춘 듯 차분하다. 가게의 이름도 딱히 멋을 낸 것이 아니라 길 이름 그대로이다. 밖에서 언뜻 보니 할아버지 네다섯 분만 서있기에 들어가 보았다. 생맥주 한잔을 시키고 바에 앉으니 주인 할아버지가 정성스럽게 치즈를 몇 조각 잘라서 준다. 메뉴판을 보니 특별한 메뉴보다는 가볍게 먹는 차가운 따빠스 종류가 많다. 스페인의 대부분 바에는 뮤직비디오가 틀어져 있는데 할

아버지의 나바스 바에는 플라멩코가 틀어져 있다. 가만히 앉아서 보다 보니 할아버지들의 대화가 들린다. 서로 옛날이야기를 하면서 소년들처럼 왁자지껄하다. 주인 할아버지와 이야기를 해보니 이 작은 바는 할아버지의 아버지로부터 물려받은 것이라고 한다. 매년 쎄마나싼타 행렬에 가담해서 받은 메달이 걸려있는데 언뜻 보아도 수십 년의 세월 동안 모아야 될 양이다. 치즈와 맥주가 먹고 싶은 날 이곳에 가보자. 비록 옆집처럼 젊은 사람들이 가득하진 않지만 오랜 시간 지켜온 할아버지의 바에서 마시는 맥주가 더 시원하면서 마음은 따듯해지는 느낌이다.

- **주소**  Calle Navas, 30, 18001 Granada
- **예산**  2유로~

**DAY 7**

# Málaga

말라가

## 유럽인이 뽑은 최고의 휴양지

기차역에서 나오자마자 느껴지는
쾌적한 날씨와 활기찬 거리의 모습에
기분 좋게 설렌다. 유럽인이 뽑은
최고의 휴양지답다. 여행의 마지막
여정을 말라가로 정한 이유는 크게
두 가지다. 하나는 바르셀로나로
가는 비행기표가 싸다는 것, 그리고
다른 하나는 여유롭게 지중해와
태양을 마음껏 즐길 수 있는 곳이기
때문이다.
스페인이 주변의 유럽 국가에 비해
철학이 덜 발달한 이유는 좋은 날씨
때문이라고들 한다. 말라가 주변
해안을 부르는 코스타 델 솔 Costa
del Sol(태양의 바다)이라는 이름처럼
일 년에 3백 일 이상 날씨가 좋고
수십 개의 해안이 있으니 삶에
대해 고민할 시간이 있었을라 있다.
복잡하고 바쁜 삶이 피곤하다면
수영복과 책 그리고 음악을 챙겨서
말라가로 떠나자. 바다의 바람을
느끼면서 태양의 기운을 잔뜩 받을
기회가 바로 이곳에 있다.

# 말라가
## 시내 지도

### 지도 내 표기

- 로스 가또스
- 꼰스띠뚜씨온 광장
- 라 부에나 시(…)
- 엘간쏘
- 카페 쎈트랄 말라가
- 끼꼬
- 빔바 앤 롤라
- 까사 미라
- 빠따따스 빠꼬 호세
- 중앙시장
- 우니시에라 아파트
- 한인 호스텔 비바말라가
- 까사 비쎈떼
- 가떼드랄

### 거리 및 장소

- C.Soliman
- Pl.de Uncibe
- C.Agujero
- C.Camas
- C.Granada
- Pl.del Siglo
- C.Sebastián
- C.Cárcer
- Pl. Flores
- C.D.M.Perez Bryan
- C.Correo Viejo
- C.Sagasta
- C.Nueva
- C.Sta.María
- C.Duque de V(…)
- C.Moreno Monroy
- C.Marqués de Larios
- C.Salinas
- C.Atarazanas
- C.María G*
- C.Pedro de T
- C.Panaderos
- Puerta del Mar
- C.Ant. Bsna Gomez
- C.Strachan
- C.Molina Lario
- C.Torregorda
- C.Martínez
- C.Cmsario
- C.S.Bernardo
- C.Pestigo de los Abades
- C.Trinidad Grund
- Alameda Principal
- C.Córdoba
- Pl.de la Marina
- C.Cortina del Muelle
- C.Tomás de Heredia
- C.Casas de Campos
- C.Barroso
- C.Martínez Campos
- Alameda de Colón
- C.Pinzón
- C.Somera
- C.Duquesa de Parcent
- Av.Manuel Agustín Heredia

- **C.** Calle
- **Av.** Avenida
- **Pl.** Plaza

# 말라가 기본 정보 Málaga

## 날씨

코스타 델 솔 Costa del Sol (태양의 바다)이라고 불릴 정도로 일 년 내내 화창하다.

## 교통

말라가는 항공, 기차, 버스가 모두 있어서 이동이 편리한 지역이다. 특히 바르셀로나로 가는 비행기가 다른 지역보다 저렴한 편이어서 말라가를 안달루시아의 마지막 여행지로 결정하는 것도 좋은 방법이다. 고속열차 아베AVE도 운행되어 마드리드와 꼬르도바까지의 이동도 편리하다.

### 말라가 공항에서 시내로 가는 방법

#### 1. 공항버스 A
제3터미널에서 A버스를 탑승하면 시내까지 15분 정도 소요된다.
- 요금 3유로
- 운행 시간 30분마다 운행
- 공항행 6:25~23:30, 시내행 7:00~24:00

#### 2. 공항철도
제3터미널에서 쎄르까니아Cercania 기차에 탑승하면 시내까지 12분 정도 소요된다.
- 요금 1.7유로
- 운행 시간 20분마다 운행
- 공항행 6:20~23:20, 시내행 5:42~22:42

## 말라가에 드나드는 방법

### 기차
- 말라가-쎄비야 약 2시간 30분 소요, 왕복 23유로~
- 말라가-꼬르도바 약 1시간 소요, 27유로~
- 말라가-마드리드 약 2시간 40분 소요, 60유로~

**말라가 기차역**
Estación de Málaga Maria Zambrano
- 주소 Explanada de la Estación, 29002 Málaga

### 버스
- 말라가-그라나다 약 1시간 30분~2시간 소요, 편도 22유로~

**말라가 버스터미널**
Estación de Autobuses
- 주소 Paseo de los Tilos, s/n, 29002 Málaga

## 인포메이션 센터

### 마리나 광장 인포메이션 센터
- 주소 Plaza de La Marina, 11
- 시간 3~9월 9:00~20:00
  10~2월 9:00~18:00

## 숙박

### 1. 히브랄파로 빠라도르 호텔
Parador de Málaga-Gibralfaro
알카사바를 바라보며 히브랄파로 산속에 자

리 잡고 있어서 말라가의 전경이 한눈에 들어온다. 아침에는 새파란 하늘과 만나는 듯한 바다를, 밤에는 아름다운 불빛이 아른거리는 바다를 바라보며 말라가의 매력적인 얼굴을 감상할 수 있다.
- 주소  Castillo de Gibralfaro, s/n 29016 Málaga
- 전화  +34 952 22 19 02
- 예산  트윈룸 기준 1박 150유로~
- 인터넷 사용  공공 이용 시설 무료 와이파이
- 홈페이지  www.parador.es
- 메일  gibralfaro@parador.es

## 2. 우니시에라 아파트
Apartamentos Unisierra

시내 중심가에 위치한 아파트형 호텔로 말라가 시내 어디든 도보로 관광이 가능하다. 또 취사가 가능해서 품질 좋은 말라가의 식재료를 시장에서 직접 구입해서 요리하는 즐거움을 누릴 수 있다.
- 주소  Marin Garcia, 3, 29005 Málaga
- 전화  +34 626 67 21 72
- 예산  방 2개 슈퍼아파트 2인 기준 150유로~
- 인터넷 사용  호텔 전 구역 무료 와이파이
- 홈페이지  www.apartamentosunisierra.com

## 3. 한인 호스텔 비바말라가
Viva Málaga

말라가 관광청이 지정한 한인 호스텔로 유학 정보 및 어학연수 프로그램도 함께 운영하고 있다. 한국어로 관광정보를 얻을 수 있는 장점이 있고 간단한 시리얼과 주스, 빵을 아침식사로 제공한다. 간단한 취사도 가능하다.
- 주소  Calle Torregorda, 3, 29005 Málaga
- 전화  070-4671-3343
- 예산  도미토리 30유로~
- 인터넷 사용  전 구역 무료 와이파이
- 홈페이지  www.vivamalaga.co.kr
- 메일  vivamalaga@naver.com

## 말라가에서 꼭 사야 하는 세 가지

### 1. 안달루시아 지역의 유기농 올리브 제품
엑스뜨라 비르헨 Extra Virgen

올리브로 만든 오일, 비누는 물론이고 안달루시아의 와인이나 식초를 판매한다. 품질이 좋고 유기농으로 제작되는 것들 위주로 판매하기 때문에 누군가에게 좋은 선물을 하고 싶다면 이곳으로 가자.
- 주소  Calle Granada, 84 bis Málaga
- 전화  +34 951 13 70 71
- 시간  월~토 10:00~21:00 (일요일 휴무)
- 예산  비누 5유로~, 올리브오일 4유로~
- 홈페이지  extravirgenstore.com

### 2. 세련되고 깔끔한 옷가게
엘간쏘 El Ganso

심플한 스타일과 화려한 원색이 만나서 승마복 느낌이 나는 캐주얼 브랜드로 세련된 제품들이 눈에 띈다.
- 주소  Plaza de la Constitución, 3, 29000 Málaga
- 전화  +34 952 60 96 25
- 시간  월~토 10:00~20:00 (일요일 휴무)
- 예산  40유로~

### 3. 말라가 항구의 쇼핑센터
무에예 우노 Muelle Uno

한곳에서 편하게 의류, 액세서리, 화장품 등의 브랜드 쇼핑이 가능한 쇼핑센터로 레저 시설, 레스토랑도 함께 운영하고 있다.
- 주소  Puerto de Málaga, s/n, 29001 Málaga
- 전화  +34 952 00 39 42
- 시간  월~토 12:00~24:00 (일요일 휴무)
- 홈페이지  www.muelleuno.com

# 상상력의 날개를 펴는 도시, 피카소 흔적을 따라

Theme 1

*Picasso*

　그림은 보는 대로 그리는 것이 아니라 생각하는 대로 그리는 것이라고 말하는 사람이 있다. 말라가에서 태어난 파블로 루이스 피카소[Pablo Ruiz Picasso, 1881-1973]의 그림 속 여자는 비뚤어진 코에 엉뚱한 자리에 있는 눈까지 우리가 보던 여자의 모습과 다르다. 그 다름에 세계는 열광했고 그는 끊임없이 상상하고 표현하는 천재 화가로 불리게 된다. 피카소는 자서전에서 "나는 안달루시아의 물 한잔에서 태어났다"라고 말했다. 비록 말라가에서 유년시절을 보낸 뒤로는 부모님을 따라 바르셀로나로 이사를 했고 본격적인 작품 활동은 프랑스 파리에서 했음에도, 그의 상상력은 결국 말라가에서 태어났다는 것일까. 그렇다면 말라가에 있는 그의 흔적을 따라가 보자. 그의 상상력의 힘을 엿보고 와인 한잔을 마시며 그림을 한 장 그려보는 것은 어떨까.

## 피카소를 만나는 시간 1
### 바닷가 작은 마을에 태어난 천재
# "피카소 생가"

어느 한적한 오후, 파리의 노천카페에서 한 여인이 피카소에게 초상화를 그려달라고 요청했다. 몇 분만에 그림을 완성한 그가 요구한 비용은 우리 돈으로 약 8천만 원. 고작 몇 분 그린 걸로 8천만 원을 요구하냐며 여인이 화를 내자 피카소는 이 그림을 그리기까지 40년의 세월이 흘렀다고 말한 일화는 유명하다.

피카소는 말보다 그림을 먼저 배웠다고 전해올 만큼 실력이 남달랐다고 한다. 그의 유년시절의 그림은 마치 사진처럼 섬세하다. 규칙을 파괴하고 자유자재로 상상력을 표현할 수 있었던 것도 기본기가 탄탄했기 때문에 가능했다고.

그러니 피카소의 그림을 보면서 "나도 저렇게는 그릴 수 있겠다"고 생각하기보다 그도 평생을 노력한 천재 화가임을 인정한 뒤 피카소 생가를 방문해보자. 피카소가 1884년까지 가족과 함께 살았던 19세기 건물로 피카소의 진품이 전시되어있다.

### 피카소 박물관
*Museo Casa Natal de Picasso*

- **주소** Plaza de la Merced, 15, 29012 Málaga
- **전화** +34 951 92 60 60
- **시간** 9:30~20:00 (11~3월 매주 화요일 및 1월 1일, 12월 25일 휴무)
- **입장료** 3유로
- **홈페이지** fundacionpicasso.malaga.eu
- **이메일** info.fundacionpicasso@malaga.eu

## 피카소를 만나는 시간 2
### 피카소가 세례를 받은 교회
# "싼티아고 교회"

---

싼티아고 교회는 말라가에서 현존하는 오래된 건축물 중 하나다. 1487년에 세워진 이슬람 양식의 건물로 기독교 정복 시기에 재점령되었다. 말라가의 쎄마나싼타 주간에는 중요 성직자 단체의 집합소로 사용된다. 피카소는 이 교회에서 1881년 11월 10일 세례를 받았다.

### 싼티아고 교회
*Iglesia de Santiago*

- **주소** Calle Granada, 78, 29015 Málaga
- **전화** +34 952 21 96 61
- **시간** 일~목 8:00~13:00, 18:15~20:30
  금 8:00~13:00, 17:00~20:30 토 8:00~12:00, 18:15~20:30
- **입장료** 무료
- **홈페이지** www.parroquiasantiago.es
- **이메일** parroquiasntiago@gmail.com

## 피카소를 만나는 시간 3
### 200여 점의 작품이 보관된 곳
## "피카소 미술관"

16세기 르네상스에 이슬람의 섬세함이 더해진 망루가 특별한 부에나비스타 궁전Palacio de Buenavista 이 피카소 미술관으로 변모했다. 증축을 거쳐 2003년에 개관한 이 미술관은 피카소의 작품은 물론, 특별전시를 함께 진행하여 언제나 볼거리가 많다.

### 피카소 미술관
*Museo Picasso*

- 주소  Calle San Agustín, 8, 29015 Málaga
- 전화  +34 952 12 76 00
- 시간  3~6월, 9~10월 10:00~19:00
7~8월 10:00~20:00  11~2월 10:00~18:00
- 입장료  성인 8유로, 25세 미만 학생 4유로
  (매주 일요일 18~20시 무료입장)
- 홈페이지  museopicassomalaga.org
- 이메일  info@museopicassomalaga.org

# 선선한 바람이 불어오는 길을 따라

Theme 2

Paseo por Málaga

하늘은 눈부시고 바람은 선선하게 불어, 아무 것도 하지 않아도 벌써 기분이 좋아진다. 말라가의 중심지로 걸어가면서 문득 바르쎌로나의 한 친구가 유난히 길을 잘 잃어버렸던 나에게 했던 말이 생각난다. "어딘지 몰라도 당황하지 말고 아래쪽으로 내려가다 보면 바다가 나올 거야. 간단해. 그리고 바다에 도착하면 생각해봐. 네가 오면서 봤던 것들을. 지도를 보면서 갈 땐 절대로 만나지 못했을 시간이었을 거야." 바람을 따라 흘러가는 당신만의 새로운 말라가 지도를 만들어보자. 가다가 마음이 더 가는 곳에서 머물기도 하면서 여유를 느껴보는 것도 좋겠다.

## 바람을 따라 걷는 말라가 산책 1
### 역사의 광장까지 이어지는 19세기 쇼핑의 길
## "라리오스 거리"

넓고 시원하게 쭉 뻗은 라리오스 거리 Calle Marqués de Larios 는 언제나 사람들로 가득하다. 유명한 디자이너의 숍은 물론이고 트렌디한 가게들이 길 양쪽에 펼쳐진다. 한국에 돌아와서 후회한 일 중 하나는 쇼윈도 앞에 한참을 서서 구경하다가 발견한, 마음에 드는 운동화를 사지 않은 것. 마음에 드는 것이 있다면 주저 말고 물어보자. "뿌에도 프로바를로스 Puedo probarlos(입어봐도 돼요)?"

## 라리오스 거리에서 꼭 가봐야할 가게들

핫한 스페인 아가씨들의 화장품 가게
### 끼꼬
*Kiko*

- **주소** Calle Marqués de Larios, 2, 29005 Málaga
- **전화** +34 952 12 16 57
- **시간** 10:00~21:00
- **인기 아이템** 다양한 종류가 있으며 색조화장품이 인기가 많다. 가격이 저렴한 편이다.

스페인 디자이너의 가방 및 의류브랜드
### 빔바 앤 롤라
*Bimba & Lola*

- **주소** Calle Marqués de Larios, 4, 29005 Málaga
- **전화** +34 952 21 83 43
- **시간** 10:00~21:00
- **예산** 70유로부터
- **인기 아이템** 세련되고 심플한 가방 및 신발

라리오스 거리의 오래된 젤라토 가게
**까사 미라**
*Casa Mira*

- **주소**  Calle Marqués de Larios, 5, 29015 Málaga
- **전화**  +34 952 21 24 22
- **시간**  10:00~23:00
- **예산**  3유로~
- **추천메뉴**  스페인 전통 디저트 뚜론 맛 아이스크림

## 바람을 따라 걷는 말라가 산책 2
### 말라가에서 커피를 마시는 아홉 가지 방법
## "꼰스띠뚜씨온 광장"

라리오스 거리를 따라가다 보면 역사의 중심지인 구시가지 꼰스띠뚜씨온 광장Plaza de la Constitución에 도착한다. 말라가는 커피를 마시는 방법이 다양한 것으로도 유명한데, 손님들의 취향을 기억한 한 카페의 바리스타의 배려에서 시작됐다고 한다.

### 카페 쎈트랄 말라가
*Café Central Málaga*

60년 전 손님들의 취향을 기억하며 만든 다양한 커피로 유명하다. 들어가는 커피의 양에 따라 다양한 메뉴가 있다. 그림 메뉴판을 보면서 취향에 맞는 메뉴를 주문해보자.

- **주소** Plaza de la Constitución, 11, 29015 Málaga
- **전화** +34 952 22 49 72
- **시간** 8:00~24:00
- **예산** 커피 1~2유로, 추로스 아침 세트 6~8유로
- **추천메뉴** 솜브라Sombra(커피와 우유를 1:3 비율로 섞은 것), 추로스

## 바람을 따라 걷는 말라가 산책 3
### 좁은 길을 따라 가면 나오는
# "말라가 성당"

---

콘스띠뚜씨온 광장에서 동쪽으로 뻗은 좁은 길이 보인다. 길 양쪽으로 말라가 기념품을 파는 가게가 가득하다. 선물을 사볼까 구경을 하면서 걷다 보면 말라가 성당이 나온다. 다른 지역의 성당은 대부분 큰 광장 앞에 있어서 위풍당당한 모습이라면 말라가 성당은 수줍게 골목 안에 자리 잡고 있다. 부족한 자금 때문에 남쪽 탑이 아직 완성되지 않아서 라 만끼따 La Manquita (외팔이 성당)라는 별명을 갖고 있다.

### 말라가 성당
*Catedral de Málaga*

- **주소** Calle Molina Lario, 9, 29015 Málaga
- **전화** +34 952 21 59 17
- **시간** 10:00~17:00 (일요일 휴관)
- **입장료** 3.5유로

# 바람을 따라 걷는 말라가 산책 4
### 맛있는 냄새를 따라 가는 길
## "말라가에서 따빠스 즐기기"

골목마다 넘쳐나는 바와 레스토랑은 스페인에서 익숙한 풍경이다. 야외 테이블에서 맥주를 마시는 사람들, 곳곳의 레스토랑에서 싱싱한 해산물을 굽고 튀기는 냄새! 걷다가 마음에 드는 곳이 있다면 들어가자. 배부르게 먹고 마신 뒤에는 씨에스타를 즐겨보자.

## 말라가에서 꼭 가봐야할 맛집

**오늘의 따빠스를 먹기 위해 흔쾌히 기다리는 집**
### 따뻬오 데 쎄르반떼스
*Tapeo de Cervantes*

번화가도 아닌 곳에 사람들이 모여있다. 사실 스페인 사람들은 맛집이라고 줄 서서 기다리는 것에 호의적이지 않다. 싱싱한 재료를 굽거나 튀기는 스페인 요리의 특성상 어디를 가도 맛있다는 기본적인 자부심을 갖고 있기 때문이다. 그럼에도 불구하고 이곳은 유모차에 탄 아기까지 함께 기다리는 따빠스 집이다. 실내가 작아서 한번에 많은 사람들이 들어가지 못하고 심지어 영업시간도 짧다.

- **주소** Calle de Cárcer, 8, 29012 Málaga
- **전화** +34 952 60 94 58
- **시간** 화~토 13:00~15:30, 19:30~23:30 일 19:30~23:30 (월요일 휴무)
- **예산** 오늘의 따빠스 ½접시 7유로, 하몽 꼰 에스파라게스 7유로
- **추천메뉴** 그날 아침 시장에서 싱싱한 재료를 받아서 만드는 오늘의 따빠스가 7~8종류 있다. 2명을 기준으로 주문한다면 우선 오늘의 따빠스에서 3~4종류를 고르고 하몽 꼰 에스파라게스 Jamon con Esparagues를 추가 주문하면 좋다.

### 1960년에 문을 연 해산물 따빠스 집
**까사 비쎈떼**
*Marisqueria Casa Vicente*

말라가의 밤을 즐기는 길에 심상치 않은 가게가 있다. 시내의 멋진 인테리어가 아닌, 코카콜라 의자와 테이블 위에 올라와있는 플라스틱 양동이라니. 마치 수산시장에 있는 느낌이다. 테이블마다 새우껍질이 수북하고 사람들은 쉴 새 없이 웃고 떠들며 마신다.
작은 골목을 사이에 두고 양쪽 건물 1층을 사용한다. 주방에서 요리가 준비되면 종을 치는데 아무리 왁자지껄해도 종업원들은 종소리를 듣고 음식을 나른다.

- **주소** Calle del Comisario, 2, 29005 Málaga
- **전화** +34 952 22 53 97
- **시간** 화~토 11:00~16:00, 19:00~23:00 일 19:30~23:30 (월요일 휴무)
- **예산** 따빠스 ½접시 4.5유로부터, 감바스 필필 6유로
- **추천메뉴** 각종 해산물이 구이, 찜, 튀김 등의 다양한 조리방법으로 제공된다. 사실 추천이 의미 없는 것이, 어떤 메뉴를 고르든 싱싱하고 푸짐한 해산물 따빠스를 즐길 수 있기 때문이다. 감바스 필필 Gamas PilPil, 나바하스 Navajas(맛조개구이) 등의 메뉴가 있다.

### 말라가의 전통 아침식사 피투포
**메르쎗 14**
*Merced 14*

말라가에서는 아침식사로 피투포 Pitufo(납작한 바게트류의 빵)에 잘 익은 토마토를 문지르고 올리브오일을 듬뿍 뿌려서 먹는다. 메르쎗 광장의 아침 햇살을 즐기면서 커피와 오렌지 주스와 함께, 피투포로 아침식사를 해보자. 상쾌한 하루의 시작을 도와줄 것이다.

- **주소** Plaza de la Merced, 14, 29012 Málaga
- **전화** +34 630 31 61 08
- **시간** 8:00~24:00
- **예산** 3유로
- **추천메뉴** 아침 세트 메뉴(피투포 샌드위치+커피+오렌지 주스)

여행 중임에도 여행을 떠나고 싶은 칵테일 바
### 피카소 바
*Picasso Bar*

피카소의 생가가 있는 메르쎋 광장의 한쪽에 만국기가 휘날리고 세계 각국의 이정표가 설치된 축제 분위기의 바가 있다. 아침부터 밤늦게까지 간단한 식사를 할 수 있으며 이벤트 파티도 꾸준히 열려서 지루할 틈이 없는 바다.

- 주소  Plaza de la Merced, 20, 29012 Málaga
- 전화  +34 952 22 62 41

베르무트와 따빠스
### 로스 가또스
*Cerveceria Los Gatos*

베르무트Vermut(각종 향신료가 첨가된 와인의 한 종류)를 맛보면서 말라가에서 인정받은 따빠스를 가볍게 즐길 수 있는 곳이다. 음료를 주문하면 따빠스를 조금씩 주는데 맛보는 재미가 쏠쏠하다. 양조장을 운영하고 있어 생맥주의 맛도 유명하다.

- 주소  Plaza Uncibay, 9, 29008 Málaga
- 전화  +34 952 22 23 40
- 시간  11:00~1:00
- 추천메뉴  살몬 꼰 께소 데 까브라 Salmón con Queso de Cabra (염소치즈를 곁들인 연어 따빠스), 감바스 꼰 알리올리Gambas con alioli (알리올리 소스의 새우 따빠스)

생감자칩을 직접 튀기는 곳
### 빠따따스 빠꼬 호세
*Patatas Paco José*

알록달록한 찰리의 초콜릿 공장이 생각나는 이 가게는 생감자를 얇게 썰어 직접 튀겨낸 감자칩을 파는 곳이다. 가게는 언제나 구경꾼 반 단골손님 반으로 북적대며 시식도 가능하다.

- 주소  Calle Sebastian Souviran, 5, 29006 Málaga
- 전화  +34 952 21 59 07
- 시간  11:00~1:00
- 메뉴  생감자칩, 건강하게 말린 견과류 젤리
- 홈페이지  www.patataspacojose.com

높게 따를수록 맛이 좋은 시드라 바
**라 부에나 시드라**
*La buena sidra*

사과를 숙성시켜 만드는 스파클링 알코올 시드라는 스페인의 북부 싼 쎄바스티안 지역에서 주로 생산된다. 라 부에나 씨드라는 그중에서도 좋은 품질로 유명한 아스투리아 지역 Asturia의 시드라를 판매한다.

- **주소** Plaza Uncibay 7, 29008 Málaga
- **전화** +34 952 22 33 74
- **시간** 월~토 11:30~24:30 일 18:30~24:30
- **예산** 씨드라 1병 3.50유로
- **추천메뉴** 시드라, 시드라로 만든 잼을 얹은 크레페 따빠스

시장은 언제나 맛있다
**중앙시장**
*Mercado Central Atarazanas*

어느 도시나 시장에서는 맛있는 냄새가 난다. 고급 레스토랑의 멋진 접시에 나오는 음식은 아니지만 신선한 재료로 만드는 현지인의 생활음식도 맛볼 수 있다. 달고 맛있기로 유명한 지중해 과일을 사보는 것도 좋다. 5백 년의 역사를 가지고 있는 말라가의 중앙시장으로 가보자.

- **주소** Calle Atarazanas, 10, 29005 Málaga
- **시간** 8:00~14:00 (일요일 휴무)

# 바람을 따라 걷는 말라가 산책 5
### 이제 슬슬 바다로 나가볼까
# "마리띠모 길"

---

라리오스 거리를 따라 바다가 보이는 쪽으로 내려가다 보면 마리나 광장Plaza de Marina에 도착한다. 넓은 길과 하늘 끝에 닿을 것 같은 야자나무 사이로 보이는 구름 한 점 없는 하늘과 바다는 같은 색의 물감을 풀어놓은 것처럼 경계가 없다. 까디스가 편안한 집 앞의 느낌이라면 말라가는 세련된 도시의 휴양지 느낌이 강한데 이는 자연이 더 넓고 시원하게 펼쳐져 있기 때문일 것이다. 페리 위에서 와인잔을 들고 춤을 추는 청년들과 세그웨이를 타는 관광객까지 모두가 한가로운 오후를 보낸다.

# 바람을 따라 걷는 말라가 산책 6
## 말라가 시민들의 조깅 코스
## "공원산책길"

---

말라가는 유독 조깅하는 사람이 많이 보인다. 그도 그럴 것이 잘 정돈된 도로와 해변, 화창한 날씨가 조깅을 하기에 아주 좋은 조건이기 때문이다. 그중에서도 마리나 광장 바로 옆에서 시작되는 야자나무 가득한 산책로는 말라가 시민들이 좋아하는 조깅 코스다. 크고 작은 페리선들이 정박해 있는 항구 옆으로 야자나무 길이 길게 이어진다. 굳이 달려야 하는 이유를 모르겠다면 잠시 생각해보자. 여행 내내 생선튀김과 맥주를 마시다 보니 바지가 점점 작아지는 느낌을 받아본 적은 없는가. 그건 단지 느낌이 아닐 것이다. 신나게 먹고 말라게따 해변까지 달려가는 것이 필요한 시점이다. 게다가 우리가 또 언제 야자나무가 가득한 해변을 달려보겠는가? 꼬레 Corre(달리자)!

# 바람을 따라 걷는 말라가 산책 7
## 섹시하게 선탠하기
## "말라게따 해변"

---

한국은 흰 피부가 유행이지만 남유럽에서 흰 피부를 갖고 있으면 돈이 없어 휴가를 못 가서 하얗다는 농담을 한다. 그들은 시간만 나면 말라게따 해변 La Malagueta 으로 가서 널찍한 모래사장 위에 누워 선탠을 한다. 나 역시 시간이 나면 자연스럽게 해변으로 가곤 했는데 길거리에서 내리쬐는 뜨거운 태양은 덥다고만 생각하면서 바닷가의 뜨거운 태양 아래 누워있으면 기분이 좋아지니 이상할 노릇이다. 광합성을 하는 나무가 되는 느낌이랄까. 하지만 좋다고 마냥 누워있다 보면 화상을 입을 수도 있으니 적당히 오일도 바르고 선크림도 바르면서 이왕이면 섹시하게 태워보자. 사방에 누워있는 예쁘고 멋진 사람들 구경도 좀 하면서.

# 바람을 따라 걷는 말라가 산책 8
## 치링기또의 밤
## "뻬드레갈레호 해변"

시원하게 탁 트인, 잘 정리된 해변 거리의 치링기또 Chiringuito(해변의 간이음식점)에서는 정어리가 구워진다. 뻬드레갈레호 해변 Playa Pedregalejo 을 따라 늘어선 레스토랑은 현지인들이 주로 찾는다. 그래서 현지인 입맛에 맞는 말라가 스타일의 요리를 맛볼 수 있다.

- **가는 방법** 알라메다 프린시빨 Alameda Principal 거리에서 11번이나 34번 버스를 타고 뻬드레갈레호 해변으로 간다. 10분 간격으로 버스가 있다.

### 뻬드레갈레호 해변 근처의 이곳!

말라가 스타일의 햄버거 깜뻬로
### 치끼떼오
*El Chikiteo*

뻬드레갈레호 해변 뒷골목에 위치한, 말라가 스타일의 햄버거가 맛있는 곳으로 현지인들로 언제나 북적인다. 가격도 저렴하고 양도 푸짐해서 한끼 식사로 충분하고 한국 사람의 입맛에도 잘 맞는다. 프랜차이즈 햄버거가 아닌 말라가의 햄버거를 꼭 먹어보길.

- **주소** Calle Cenacheros, 81, 29008 Málaga
- **전화** +34 654 50 01 15
- **시간** 12:30~1:30
- **예산** 4.50유로~
- **메뉴** 수뻬르 깜뻬로 Super Campero(치끼떼오의 대표 햄버거)

# 남아있는 유적을 찾아서, 역사 속의 말라가

Theme 3

Historia de Málaga

    이슬람 세력을 몰아내고 기독교 세력이 들어온 첫 번째 도시 말라가에서 스페인 국토회복운동으로 인한 변화가 시작됐다. 말라가에 남아있는 이슬람문화의 잔재를 청산하는 과정에서 안달루시아 지역 내에서도 가장 많은 문화적 손실이 일어났다. 그 시절 말라가를 정복한 기독교 세력은 도시를 온전히 자신들의 문화로 채우고 싶었다고 한다. 첫 번째로 하는 일이다보니 조금 더 의욕적이고 새롭게 하고 싶은 마음에 기존의 것들을 조금도 남겨놓지 않으려는 심리였을까 싶다. 그나마 해를 거듭할수록 경제난이 심해진 덕분에 건물을 완전히 파괴하고 새로 만드는 것이 어려워졌고 꼬르도바나 쎄비야는 기존의 이슬람 사원 위에 성당을 만드는 행운을 가지게 되었다.

    말라가에 현재 남아있는 몇 개의 유적들은 보존상태가 좋은 편이다. 해변에서의 즐거움을 누린 후에 휴양 도시의 모습을 든든하게 받쳐주고 있는 3천 년의 시간을 한 번 들여다보자.

## 말라가의 오래된 이야기 1
### 이슬람 제국의 튼튼한 요새
# "알카사바"

말라가의 바닷가는 물론, 거리도 언제나 여행자로 가득하다. 그도 그럴 것이 일 년에 3백 일 이상 날씨가 좋아서 성수기와 비수기가 의미 없기 때문이다. 그렇다고 해서 그라나다의 알람브라 궁전처럼 나 혼자 나온 사진을 찍는 것조차 불가능할 정도로 사람이 많은 것은 아니다.
복잡한 말라가에서도 알카사바는 조용히 올라가 탁 트인 전경을 보기에 최고의 장소다. 특히 이슬람 시대에 만든 요새 중 가장 잘 보존된 요새는 수목원처럼 고요하고 편안하다. 혼자만의 시간이든 소중한 사람과 두런두런 얘기하면서 나란히 걷는 시간이든 소중한 추억이 될 것이다.

### 알카사바
*Alcazaba*

- **주소** Calle Alcazabilla, 2, 29012 Málaga
- **전화** +34 630 93 29 87
- **시간** 4~10월 9:00~20:00 11~3월 9:00~18:00
- **입장료** 성인 2.20유로, 알카사바-히브랄파로 성 패키지 3.55유로

\* 알카사바로 들어가기 전에 커다란 로마원형극장의 모습을 볼 수 있다. 알카사바와 히브랄파로 성과 함께 말라가에 남아있는 고고학적 유산이다.

## 말라가의 오래된 이야기 2
### 해 질 무렵 외롭다면
# "히브랄파로 성"

말라가의 사면이 보이는 곳에서 도시를 내려다보고 있는 히브릴파로 성은 히브릴파로 산꼭대기의 등대 사이 무너진 잔재 위, 등대 언덕$^{Yabal\ Faruh}$이라고 불리던 곳에 지어졌다. 해가 질 무렵 도착한 성에서 바라보는 말라가 시내는 노을로 붉게 물들고 있었다. 가만히 서서 바라보니 말라가 성당도 보이고 크고 작은 페리선들이 정박한 항구도 보인다. 바다도 하늘도 파랗기만 하던 도시에 붉은 빛이 올라오니 외로웠던 마음도 따듯해진다. 낮 동안 뜨겁던 공기가 살랑살랑 불어오는 바람에 선선해진다. 문득 외로워지면 해 질 무렵 히브랄파로 성에 오르자. 붉은 하늘과 바다와 바람이 당신을 위로해줄 것이다.

**히브랄파로 성**
*Castillo de Gibralfaro*

- **주소**  Camino de Gibralfaro, 11, 29016 Málaga
- **가는 방법**  마리나 광장$^{Plaza\ de\ Marina}$ 옆 빠르께 대로$^{Paseo\ de\ Parque}$가 시작하는 곳의 동쪽 버스정류장에서 35번 버스를 타자. 산꼭대기에 위치해서 걸어가기는 쉽지 않다.
- **전화**  +34 952 22 72 30
- **시간**  4~10월 9:00~20:00  11~3월 9:00~18:00
- **입장료**  성인 2.20유로, 알카사바~히브랄파로 성 패키지 3.55유로

# 하루 만에 다녀갈 수 있는
# 말라가 근교 마을 돌아보기

Theme 4

En Los Afueras Málaga

1. 새파란 하늘 덕분에 찍는 사진마다 성공하는, 프리힐리아나 Frijiliana
2. 지중해의 테라스, 네르하 Nerja
3. 누구를 위해 종은 울리나, 론다 Ronda
4. 지구 밖의 다른 별, 또르깔 Torcal
5. 전직 투우사 세뇨르와의 만남, 안떼께라 Antequera
6. 부자들의 휴양지, 마르베야 Marbella
7. 산속의 쇼핑 마을, 미하스 Mijas

# 말라가 근교 마을 1
## 새파란 하늘 덕분에 찍는 사진마다 성공하는
# "프리힐리아나"

까디스 주에 산 아래의 하얀 마을이 있다면 말라가 주에는 지중해를 품은 산속 마을이 있다. 일명 포카리스웨트 마을이라고 부르는 프리힐리아나Frijiliana. 대충 카메라 셔터를 눌러도 그림처럼 아름답게 찍힌다. 반짝거리는 햇살과 하얀 집과 새파란 대문이 주는 경쾌함. 계단을 오르면서 잡아보는 얼짱각도까지 완벽하다. 사진을 찍으며 돌아다니다 보면 여유롭게 햇살을 맞으며 꾸벅꾸벅 졸고 있는 고양이도 만나고 길거리에 대자로 늘어져있는 개도 보인다. 사람이 지나간다고 무서워하거나 일어나지도 않는다. 산 위의 마을 프리힐리아나는 초입의 광장을 중심으로 구시가지와 신시가지로 나뉘는데 크게 차이는 없다. 여전히 하얀 집이 늘어서있을 뿐이다. 왜인지 프리힐리아나에 있을 때는 하얀 벽과 파란 지붕이 매력적인 마을이라고 생각했는데, 사진을 정리하면서 보니 마을 어디에도 파란 지붕은 없었고 하얀 지붕뿐이었다. 구름 하나 없는 새파란 하늘을 당연히 지붕 색깔이라고 착각했나 보다. 마을은 영화관 의자처럼 산 위로 올라갈수록 집의 위치가 점점 높아지기 때문에 어디서나 바람이 통한다. 옆으로 기다란 마을이라 한쪽에서 반대편을 바라보는 재미도 있다. 아무리 돌아다녀도 두 시간이면 다 돌아보는 작은 마을의 곳곳에는 수공예품을 만들어 파는 작은 가게나 안달루시아 전통 도자기나 화분을 파는 가게가 있어서 중간중간 들어가서 구경하는 재미가 있다.

### 프리힐리아나 가는 법

말라가에서 네르하로 이동한 뒤에 프리힐리아나로 이동할 수 있다. 프리힐리아나를 먼저 보고 다시 네르하로 돌아가야 하니 네르하에 도착하자마자 바로 프리힐리아나에 다녀오는 것이 좋다.

네르하-프리힐리아나 약 20분, 편도 1유로

**프리힐리아나행**
평일 7:20, 9:45, 11:00, 12:00, 13:30, 15:00, 16:00, 19:00, 20:30
토요일 7:20, 9:45, 12:00, 13:30, 15:00, 19:00, 20:30

**네르하행**
평일 7:00, 8:00, 10:30, 11:30, 12:45, 13:45, 15:30, 16:30, 19:30, 21:00
토요일 7:00, 8:00, 10:30, 11:30, 12:45, 13:45, 16:30, 19:30, 21:00
* 공휴일은 운행하지 않는다.

## 말라가 근교 마을 2
### 지중해의 테라스
# "네르하"

아침 일찍 서둘러 도착한 네르하Nerja의 물빛은 호수처럼 맑고 잔잔했다. 누군가는 조깅을 하고 누군가는 갯바위에 앉아 아침을 먹는다. 물빛이 너무 반짝거려서 눈이 부시는데도 한 낚시꾼은 조용히 바다를 바라보고 있다. 안달루시아를 돌아다니는 동안 산 아래의 마을도 가보고 청포도색의 바닷가도 가봤지만 이토록 물빛에 홀린 적은 없었던 것 같다. 네르하의 물빛은 너무나 투명하고 반짝여서 분명 파도 소리 외에는 소리가 날 일이 없음에도 입속에서 터지는 사탕처럼 자글자글 소리를 내는 것 같다. 조금 걸어서 일명 뷰포인트라고 불리는 유럽의 테라스에 서서 바라보니 최고급 전망을 자랑하는 호텔의 테라스에 서있는 것처럼 황홀하다. 이런 곳에서 살면 누군가를 미워할 수 있을까 싶을 정도로 바다는 아름답고 바람은 시원하다.

**네르하 가는 법**
말라가 버스터미널에서 출발하는 버스를 탄다. 중간에 프리힐리아나에 다녀올 계획이라면 말라가로 돌아오는 시간을 넉넉하게 예매하는 것이 좋다.
**말라가-네르하** 약 1시간 30분, 왕복 8.18유로

**네르하행** 7:00~23:00
**말라가행** 7:50~23:00
- 예매 www.alsa.com

## 말라가 근교 마을 3
### 누구를 위해 종은 울리나
## "론다"

---

헤밍웨이의 《누구를 위해 종은 울리나》의 배경이 되었던 곳으로 협곡 위의 도시가 빼어난 절경을 자랑한다. 최근 한국의 여행 프로그램에 소개되면서 더욱 유명세를 치르고 있다. 해가 거의 진 후에 도착한 마을에 조명이 하나둘 켜지면서 웅장한 협곡이 더욱 무겁게 다가온다. 협곡을 바라볼 수 있는 공원의 난간은 쉽게 다가가기 힘들 정도로 발밑이 아찔하다. 누에보 다리를 건너면서 바라보니 어떻게 이곳에 마을을 세웠을까 상상조차 어렵다. 다른 산 아래의 마을처럼 산등성이를 타고 마을이 형성된 것도 아니고 마치 바닥에 있던 한 마을 전체를 위에서 잡아당겨서 만들어진 것 같다.

안달루시아에서 가장 오래된 론다Ronda의 투우장 앞에 가니 최근에 경기가 있었는지 포스터가 잔뜩 붙어있다. 이곳에서 경기하던 유명한 투우사 뻬드로 로메로Pedro Romero는 77세가 될 때까지 한 번도 다치지 않고 경기를 이끌었다고 한다. 투우경기의 상징인 빨간 천을 처음 사용한 것도 그의 할아버지였다고 하니 투우 역사상 가장 중요한 가문이라고 볼 수 있다.

### 론다 가는 법
**말라가-론다** 약 2시간 45분, 왕복 24.50유로

**론다행**
평일 6:30, 14:15, 16:30, 20:00
토요일 6:30, 16:30, 20:00
일요일 및 공휴일 16:30, 20:00
**말라가행**
평일 10:00, 12:30, 20:30 토요일 10:00, 12:30
*일요일 및 공휴일 운행하지 않는다.

## 론다에 간다면 꼭!

### 께소 이 하몽 부띠께 론다
*Queso y Jamón Boutique Ronda*

스페인 광장에 위치한 식료품 가게 께소 이 하몽 부띠께 론다에서는 론다에서 생산되는 유일한 와인, 치치야 Vino Chinchilla를 구입할 수 있다. 친치야 와인은 향이 매우 독특하고 시간이 지날수록 더욱 부드러워진다. 그 밖의 안달루시아 지방의 치즈나 하몽도 구입할 수 있다.

- **주소** Plaza España, 1, 29400 Ronda, Málaga
- **전화** +34 952 87 71 14
- **시간** 10:00~20:30
- **예산** 친치야 와인 12~15유로

### 론다 빠라도르 호텔
*Parador de Ronda*

누에보 다리로 연결된 아찔한 협곡 위에 있는 이 호텔은 테라스에서 론다의 야경을 볼 수 있어서 언제나 인기가 많다.

- **주소** Plaza de España, s/n, 29400 Ronda, Málaga
- **전화** +34 952 87 75 00
- **예산** 트윈룸 기준 1박 200유로~
- **홈페이지** www.parador.es
- **메일** ronda@parador.es
- **인터넷 사용** 공공 이용 시설 무료 와이파이

# 말라가 근교 마을 4
## 지구 밖의 다른 별
## "또르깔"

말라가에서 머물렀던 숙소 주인 후안Juan은 내가 차를 렌트했다는 것을 알고 숙소의 다른 여행자들과 함께 또르깔Torcal에 다녀오지 않겠냐며 제안했다. 한국에서 고작 일주일의 도로주행과 세네 번의 운전만 해본 터라 옆에 누군가를 태우는 것은 너무 위험한 모험이라 거절했지만 후안은 괜찮다며 여럿이 다니면 재밌고 렌트비도 나눠서 내면 더 경제적이라면서 또르깔은 차가 없으면 갈 방법이 없단다. 아니, 이 사장님은 본인이 갈 것도 아닌데 왜 이리 적극적인지. 결국 친구끼리 놀러온 건축과 대학생 두 명, 한국에서 카페를 운영하다가 정리하고 온 전직 연극배우 한 명, 레지던트를 앞두고 여행을 온 예비의사 한 명과 함께 내비게이션에도 잘 나오지 않는 또르깔로 출발했다. 또르깔로 가는 길은 좁고 구불거리는 산길이었는데 지금 생각하면 뒷좌석에 긴장하면서 앉아있었을 그들의 모습에 웃음이 난다. 우여곡절 끝에 도착한 또르깔은 후안의 말처럼 지구 밖의 다른 별 같은 곳이었다. 바다 속 지형이 융기해서 생긴 산인데 마치 외계인이 탑쌓기 놀이를 하다가 자기 별로 돌아간 것 같다. 몇 가지 등산 코스가 있는데 다음 일정을 생각해서 가장 짧은 50분 코스를 선택했고 결론적으로 15분 정도 걸렸다. 길을 잘못 들었는지 금방 다시 출발점에 도착해버렸다. 뭐 어차피 지구 밖의 다른 별처럼 생긴 곳이니 길이라는 게 따로 정해져 있는 것도 이상하지 않은가.

### 또르깔 가는 법
안떼께라에서 13km 떨어진 곳으로 약 40분 정도 소요된다. C-337 국도를 따라가다가 A-7075 고속도로로 진입한 뒤 MA-9016 도로로 우회전하여 들어간다. 가는 길이 산길이어서 경치는 좋지만 운전하기 쉽지 않으니 천천히 바람을 느끼면서 가는 것이 좋다.

## 말라가 근교 마을 5
### 전직 투우사 세뇨르와의 만남
# "안떼께라"

---

말라가 주의 중앙에 위치한 작은 도시 안떼께라Antequera 는 안달루시아 사람들이 좋아하는 빵 모예떼Mollete의 본고장이다. 스페인 샌드위치인 보까디요Bocadillo는 보통 바게트로 만들지만 안달루시아는 둥글고 부드러운 모예떼로 만든다. 또 아침식사로 많이 찾는 빤 꼰 또마떼Pan con Tomate도 모예떼를 반으로 갈라서 바삭하게 구워서 먹는 것이다.

안떼께라에 대한 사전지식은 모예떼뿐이고 또르깔을 가기 전에 잠시 들렀다 가려고 했을 뿐이었다. 하지만 이곳에서 다섯 시간이 훌쩍 넘도록 머무를 것이라고 상상도 못했다. 안떼께라에 도착해서 빠라도르 호텔에서 커피를 한잔 마신 후 지도를 받아 시내로 슬슬 걸어가다 보니 투우장이 보인다. 출입문이 열려 있기에 살짝 들여다보니 한 세뇨르Señor(신사, 중년남성)가 강아지 한 마리와 함께 있다. 들어가도 되냐고 물으니 들어오라고 한다. 그렇게 만난 세뇨르는 알고 보니 전직 투우사였다. 그는 청년시절 투우경기를 하다가 소뿔에 찔려서 큰 부상을 입고 오랫동안 일어나지 못했다고 한다. 아직도 남아있는 허벅지 안쪽의 깊은 상처를 보여주면서 걷는 것이 아주 자유롭지는 않다고 한다. 투우를 했던 것을 후회하지 않느냐고 물으니 인생에서 가장 빛나던 시간이었으니 후회하지 않는다고. 우연히 만난 세뇨르 덕분에 투우장 뒤쪽의 소가 대기하는 곳부터 경기장까지 자세하게 구경할 수 있었다. 역시 여행은 계획하지 않은 특별한 만남이 있어 행복한 것 같다.

**안떼께라 가는 법**
말라가-안떼께라 약 1시간, 왕복 11.46유로

**안떼께라행** 9:00~19:00
**말라가행** 9:00~19:15

## 안떼께라에 간다면 꼭!

### 정통 안달루시아 점심 메뉴를 먹을 수 있는 곳
### 메손 이베리꼬
*Mesón Ibérico Dehesa Las Hazuelas*

질 좋은 하몽과 정통 안달루시아 음식을 먹을 수 있는 곳으로 언제나 현지인으로 가득하다. 특히 평일 점심 메뉴는 가격도 저렴하고 푸짐하다. 간단한 아침식사로 모예떼를 이용한 토스트도 판매한다.

- 주소  Calle de la Encarnación, 9, 29200 Antequera, Málaga
- 전화  +34 952 70 45 82
- 예산  메뉴 델 디아 Menu del Dia (런치 세트) 12유로~
- 시간  7:00-24:00
- 추천메뉴  애피타이저와 메인 요리, 디저트와 음료까지 포함된 런치 세트

### 플라싸 데 또로스
*Plaza de Toros*

- 주소  Paseo Real, Antequera Málaga, 29200
- 전화  +34 952 70 81 42

### 안떼께라 빠라도르 호텔
*Parador Antequera Hotel*

역사와 모던함을 동시에 갖춘 안떼께라 빠라도르 호텔은 공원을 지나 조용한 곳에 자리 잡고 있다. 넓은 수영장과 유리에 비치는 조명이 아름다워 안떼께라 시민들이 특별한 날 이벤트 장소로 사용하기도 한다.

- 주소  Paseo García del Olmo, 2, 29200 Antequera, Málaga
- 전화  +34 952 84 02 61
- 예산  트윈룸 기준 1박 90유로~
- 홈페이지  www.parador.es
- 메일  antequera@parador.es
- 인터넷 사용  공공 이용 시설 무료 와이파이

# 말라가 근교 마을 6
### 부자들의 휴양지
## "마르베야"

유럽 부자들의 휴양지로 유명한 마르베야Marbella는 넓은 백사장과 바다가 끝없이 이어져있다. 태양이 잔뜩 달아오른 한낮의 바닷가는 일광욕하는 사람들과 물놀이하는 사람들로 가득하다. 사실 말이 가득하지 휴가철의 해운대에 비하면 거의 없다고 보면 된다. 언뜻 봐도 고급스러운 선박이 묶여있는 항구와 각종 해양스포츠를 즐길 수 있는 프로그램은 마르베야를 더욱 풍요롭게 만들어준다. 그도 그럴 것이 스페인의 대부분의 해변은 그저 누워서 일광욕을 하거나 맨몸으로 물속에 들어가서 노는, 자연 상태의 휴식처인 경우가 많은데 무려 해양프로그램이라니. 부자마을은 부자마을이네 싶다. 바닷가의 건너편 구시가지에 들어가면 작은 광장을 중심으로 레스토랑이 가득하다.

### 마르베야 가는 법
**말라가-마르베야 약 50분, 왕복 13유로**

## 마르베야에 간다면 꼭!

**아름다운 빠띠오에서 즐기는 맛있는 빠에야와 해산물 따빠스**
### 빠띠오 델 마리스깔
*El patio de Mariscal*

겉모습으로는 별다를 것 없어 보이는 레스토랑이지만 내부에는 안달루시아의 전통적인 빠띠오를 갖추었으며, 질 좋은 해산물 요리를 먹을 수 있는 곳이다. 유쾌한 종업원 아저씨의 설명을 듣고 있으면 모든 메뉴를 다 먹어야 될 것 같기도 한데, 바닷가인 만큼 해산물 요리를 추천한다. 또한 식사가 끝나면 레스토랑에서 직접 만든 디저트술을 주는데 달콤하면서 입안을 향기롭게 마무리하는데 제격이다.

- **주소** Calle Virgen de los Dolores, 3, 29601 Marbella
- **전화** +34 952 86 77 01
- **시간** 11:00~15:15, 18:30~1:00 (일요일 휴무)
- **예산** 20유로~
- **추천메뉴** 마리스코 Marisco (해산물 빠에야), 엔쌀라다 마리스깔 Ensalada Mariscal (해산물 샐러드), 감바스 알 삘삘 Gambas al Pil-Pil (올리브오일에 볶은 마늘과 새우살)

# 말라가 근교 마을 7
## 산속의 쇼핑 마을
# "미하스"

---

화려한 장식을 잔뜩 달고 있는 당나귀가 제일 먼저 눈에 띄는 미하스Mijas는 의외로 쇼핑 천국이다. 유명한 명품숍이 가득한 것은 아니지만 산속의 마을 전체가 작은 쇼핑타운 같다. 안달루시아에서 유명한 것은 모두 있는 듯하다. 올리브로 만든 각종 화장품부터 가죽제품까지 꽤 괜찮은 물건이 많은데, 올리브오일 관련 제품이 전체적으로 인기가 많으며 특히 올리브오일을 이용해 만든 화장품들이 선물용으로 좋다. 이 작은 마을의 시내라고 부를 수 있을 만한 곳에 가게들이 모여있다. 미하스는 또한 안달루시아의 산 아래 작은 마을 중 가장 여행자가 많았던 곳인데 알고 보니 알츠하이머 센터도 있고 실버타운도 형성되어있는, 노후를 보내기 좋은 마을이라고 한다. 그래서인지 외국인 거주자의 비율이 굉장히 높으며, 그만큼 마을 전체적으로 영어가 잘 통하는 편이다.

### 미하스 가는 법

**1. 버스**
직행이라 편하지만 배차 간격이 크다.
**말라가-미하스 약 1시간 20분, 왕복 6유로**

**말라가행**
월~토 8:05 13:40 18:20 21:15
일·공휴일 13:40 18:20 21:15
**미하스행**
월~토 6:55 9:35 19:50
일·공휴일 15:10 19:50

**2. 기차+버스**
생각보다 복잡하지 않으며, 버스보다 운행횟수가 많다. 말라가 기차역에서 20분마다 운행되는 푸엔히롤라Fuengirola행 기차를 타고 종착역에서 내려 30분마다 운행되는 미하스Mijas-뿌에블로Pueblo행 버스로 환승한다.

## 어느 멋진 일주일,
## 안달루시아

초판 1쇄 발행 | 2015년 10월 1일

지은이 | 이은혜

발행인 | 서영택
본부장 | 김장환
편집인 | 박선영
책임편집 | 신혜진

디자인 | onmypaper 정해진
마케팅 | 이승아
제작 | 류정옥

브랜드 | 봄에 SPRING&SEE

주소 | 경기도 파주시 회동길 20
주문전화 | 02-3670-1021, 1173, 1595
팩스 | 02-747-1239
문의전화 | 02-3670-1506(편집), 02-3670-1023(마케팅)

발행처 | (주)웅진씽크빅
출판신고 | 1980년 3월 29일 제406-2007-00046호

ⓒ 이은혜, 2015
ISBN 978-89-01-20533-5 14980
세트 ISBN 978-89-01-15146-5 14980

봄에 SPRING&SEE 은 (주)웅진씽크빅 단행본사업본부의 브랜드입니다.
이 책은 저작권법에 따라 보호받는 저작물이므로 무단 전재와 무단 복제를 금지하며,
이 책의 전부 또는 일부를 이용하려면 반드시 저작권자와 ㈜웅진씽크빅의 서면동의를 받아야 합니다.
이 도서의 국립중앙도서관 출판시도서목록(CIP)은 e-CIP홈페이지(http://www.nl.go.kr/ecip)와 국가자료공동목록시스템
(http://www.nl.go.kr/kolisnet)에서 이용하실 수 있습니다.(CIP제어번호: CIP 2015025235)

\* 잘못된 책은 구입처에서 바꾸어 드립니다.
\* 책값은 뒤표지에 있습니다.